经典今解丛书

《论语》与志愿服务精神

顾易 著

广东高等教育出版社
Guangdong Higher Education Press
·广州·

图书在版编目（CIP）数据

《论语》与志愿服务精神 / 顾易著. — 广州：广东高等教育出版社，2022.3

（经典今解丛书）

ISBN 978-7-5361-6994-4

Ⅰ.①论… Ⅱ.①顾… Ⅲ.①儒家②《论语》—研究③志愿—社会服务—理论研究—中国 Ⅳ.①B222.25 ②D669.353

中国版本图书馆CIP数据核字（2021）第060088号

《论语》与志愿服务精神
《LUNYU》YU ZHIYUAN FUWU JINGSHEN

顾 易 著

出版发行	广东高等教育出版社
	地址：广州市天河区林和西横路
	邮编：510500　　营销电话：（020）87551436
	http://www.gdgjs.com.cn
排　版	书窗设计
印　刷	广东鹏腾宇文化创新有限公司
开　本	850 mm×1 168 mm　1/32
印　张	4.125
字　数	64千
版　次	2022年3月第1版
印　次	2022年3月第1次印刷
定　价	32.00元

（版权所有，翻印必究）

总　序

中华优秀传统文化历史悠久，博大精深，魅力无穷，是中华民族的"根"、中华民族的"魂"，是中华文化自信的源头、活水，也是中华民族的力量所在。

中华优秀传统文化是人类共有的精神财富，具有普遍意义。正如习近平总书记所说，中华优秀传统文化，"智慧光芒穿透历史，思想价值跨越时空，历久弥新，成为人类共有的精神财富"。

当下，有些人对中华传统文化的理解，大多局限于"中国结""功夫""舌尖""手艺"等符号化、浅表性的平面维度上，缺乏对其精神内核、价值理念、道德思想和审美情趣的研究和学习，其实，这些才是中华优秀传统文化最宝贵、最核心的内容。而这些宝贵的精神思想和审美理念，蕴含于中华经典之中。

中华经典是中华优秀传统文化的"精华",它是超越时空、超越国界的,以至能够回应当代人的生活之问。学习中华经典也是一个人寻求自我完善的最佳途径。唐朝宰相魏徵认为,经籍是圣贤智慧的结晶,可以用来领悟宇宙的奥妙,探究天地、阴阳的消息,端正世间的纲纪,弘扬人类的道德。一句话,中华经典可以使人拥有自由的头脑、独立的思考、丰富的心灵、高贵的灵魂、高超的智慧和审美的能力,是对真善美的关注和追求。可以说,读懂、读通几部经典可以受益一辈子。《易经》《论语》《道德经》《说文解字》《礼记》等书,过去虽然读过,但随着人生阅历的增长,又有新的感悟,这就是经典的魅力所在,让人温故知新,常读常新,加上这次是带着思考去读,广泛地涉猎各种版本,进行比较、审读,加以新的概括,收获就更大了。

然而,经典毕竟是几千年前的产物,随着时代的进步,有的内涵发生了变化,这就不能"食古不化",而应在中华文化优秀基因的基础上,赋予其新的内涵并加以丰富和发展。这就需要进行"经典今解"。这个"今解",也是"新解",就是习近平总书记指出的进行"创造性转化、创新性发展",具体来说:一是选择新的视角。经典的内涵是丰富的,全面的学习是一个基础。在此基础上,要观照当下,紧扣当今人们的精神呼唤,直面新需求、新问题,用新的视角去解读、去体悟,从中获得新的答案。二是实现新的转化。中华经典是历史的产物,时代的发展必然有新的语境、新的要求,为此,在转化中要"不忘本来",不忘中华优秀传统文化的根脉,注入时代精神,赋予新的内涵,焕发其生机和活力;要"吸收外来",以开放的心态,接纳世界优秀的文化,取长补短,博采众长,既不自卑,也不自大;"面向未来",着眼于造福子孙万代和永续发展,为未来的发展厚实根基,提供不竭的精神动力和力量源泉。三是致力于超越。经典可以温故知新,思想文化的新发现,科学技术的新发明,为新思想、新观点创造了新条件,这就要在新的时代加以丰富和发展。正是基于以上的认识,我从几年前就开始着手进行了"经典今解"的写作。出版了《读〈易经〉悟为官智慧》《从〈中庸〉看处世智慧》《从〈礼记〉看中华礼仪文化》等八本书，2020年又写作了《〈易经〉与中国精神》《〈论语〉与志愿服务精神》《〈说文解字〉与汉字文化魅力》《〈千金要方〉与医学人文》《〈乐记〉与中国音乐美学》《〈茶经〉与中国茶道》等作品。

　　中华经典解读的书籍可以说是汗牛充栋，数不胜数。但大多是进行分段的解释、考证。本套"经典今解丛书"有别于其他经典解读的地方在于：一是紧扣中华优秀传统文化的精神标识、道德标识和文化标识。我认为这三个标识集中体现为："天下为公"的社会理想、"天人合一"的生存智慧、"民为邦本"的为政之道、"民富国强"的奋斗目标、"公平正义"的社会法则、"和谐共生"的相处之道、"自强不息"的奋斗精神、"精忠报国"的爱国情怀、"革故鼎新"的创新意识、"中庸之道"的行为方式、"经世致用"的处世方法、"居安思危"的忧患意识、"威武不屈"的民族气节、"唯物辩证"的思维方式、"仁者爱人"的道德良心、"孝老爱亲"的家庭伦理、"敬业求精"的职业操守、"谦和好礼"的君子风度、"包容会通"的宽广胸怀、"诗书礼

"乐"的情感表达。这些精神和思想，跨越时空，超越国度，富有永恒魅力，仍然具有当代价值。为此，解读不面面俱到，集中从某一个侧面，选择一个主题进行解读。二是观照当下。结合当代人的现实生活，从古鉴今，增强针对性，指导生活，学以致用，活学活用。三是力求通俗易懂。经典大多比较深奥难懂，为此，必须用现代的话语进行讲解，用讲故事的方法来阐述道理，同时，选择"讲座"的形式也是一种通俗解读的方法。

"经典今解丛书"的写作，让我再一次重温经典，对我来说是一次再学习。我不仅从中增长了知识，更为重要的是心灵的修炼，虽然辛苦，但又乐在其中。由于自己的能力、水平有限，本丛书一定存在一些缺陷和不足，期待得到读者的指正。

是为序。

作者于广州
2021年9月

《论语》与志愿服务精神

绪 论 / 001

第一讲　志愿服务的精神基因："仁者爱人" / 007
　　一、"志愿"两字以"心"为基 / 008
　　二、志愿服务的"八字"精神 / 018
　　三、志愿服务精神来自"仁爱之心" / 024
　　四、志愿服务的五大特征 / 044
　　五、志愿服务要从"初心""仁心"出发 / 048

第二讲　志愿服务的道德情怀："博施济众" / 057
　　一、志愿服务是"进德修业"的道德修炼 / 059
　　二、在志愿服务中坚守善良的道德精神 / 077
　　三、在志愿服务中遵守基本的道德准则 / 082

第三讲　志愿服务的思想境界:"修己安人" /093

一、以"修己以敬"作为出发点 / 095

二、以"修己安人"作为对"大同社会"的美好
理想追求 / 099

三、以"修己以安百姓"作为最高境界 / 105

参考文献 / 120

绪　论

在城乡的交通路口，在救灾和抗疫的第一线，在旅游胜地，在火车站、码头、医院、办事大厅等服务窗口……我们常常看到一个个身穿红马甲的身影，他们都有一个共同的名字——志愿者。

今天，我国志愿服务呈现出蓬勃发展的态势，志愿队伍越来越壮大。据不完全统计，全国实名注册志愿者超过1.9亿人，志愿服务参与的领域越来越广泛，从扶危济困、医疗教育、大型赛事，到艺术教育、文化传播、环保宣传等领域，已经渗透到我国经济、社会、文化、环境等方方面面，成为新时代推进社会主义现代化建设、提升社会文明程度不可忽视的新兴力量。

习近平总书记对志愿服务事业高度重视，亲切关怀，多次对志愿服务做出重要指示。2013年5月4日，习近平总书记在同各界优秀青年代表座谈会上的讲话中指出："要倡导社会文明新风，带头学雷锋，积极参加志愿服务，主动承担社会责任，热诚关爱他人，多做扶贫济困、扶弱助残的实事好事，以实际行动促进社会进步。"

2019年1月17日，习近平总书记在天津朝阳里社区志愿服务展馆考察时，称赞志愿者是为社会做出贡献的前行者、引领者，所做的事业会载入史册，强调："志愿者事业要同'两个一百年'奋斗目标、同建设社会主义现代化国家同行。志愿服务是社会文明进步的重要标志，是广大志愿者奉献爱心的重要渠道。"在这里，习近平总书记指出，志愿服务是社会文明进步的重要标志，提高到建设"两个一百年"奋斗目标的高度去看待。这意味着，志愿服务是现代国家发展的重要组成部分，也是我党治国理政的方略之一。

2019年7月，习近平总书记向中国志愿服务联合会第二届会员代表大会致贺信，强调志愿服务是社会文明进步的重要标志，希望广大志愿者、志愿服务组织、志愿服务工作者立足新时代，展现新作为，弘扬奉献、友爱、互助、进步的志愿精神，继续以实际行动书写新时代的雷锋故事。同时，号召广大志愿者和志愿服务组织要弘扬社会主义核心价值观，走进社区，走进乡村，走进基层，为他人送温暖，为社会做贡献。

2020年2月，习近平总书记在统筹推进新型冠状病毒肺炎疫情防控和经济社会发展工作部署会议上，高度评价广大志愿者真诚奉献、不辞辛苦，为疫情防控做出了重大贡献。

习近平总书记的殷切期望和深情嘱托，指明了志愿服务的前进方向、奋斗目标和实现途径。广大志愿者应牢记总书记的嘱托，积极投身于志愿服务工作，追求理想信念，提升爱心善念，增强责任担当，争做志愿服务的前行者、引领者、奉献者和实践者。

今天，志愿服务事业在以习近平总书记为核心的党中央大力倡导下，呈现蓬勃发展的势头，方兴未艾，广大人民群众对志愿服务事业充满热情，积极参与，这充分体现了全社会对志愿服务的价值认同、文化认同。这种认同源于中华优秀传统文化的文化基因和沃土，在新时代志愿服务事业中又得到了丰富和发展。而儒家经典《论语》就是志愿服务文化基因的代表作。《论语》是中华经典中最重要的经典，是一部可以反复阅读而又不断得到新的感悟的经典。《论语》这部经典，充满着"仁者爱人"的人性温情、"博施济众"的道德追求、"修己安人"的远大理想，回答了人生应如何快乐地"活着"并活得有意义的问题。《论语》中的许多思想与志愿服务精神一脉相承，是我们从事志愿服务的精神动力、力量源泉和道德准则，重温《论语》中的思想和理念，可以让我们坚定信念、激发情怀、升华境界、提高能力，成为一个快乐的志愿者。

　　下面，让我们一起品读《论语》，共同感悟志愿服务文化的精神基因、道德情怀、思想境界和科学方法。

《孔子弟子像·端木赐》（局部）　阎立本 画

第一讲　志愿服务的精神基因：「仁者爱人」

志愿服务精神是志愿服务的动力和源泉,是志愿文化的核心要素。这个精神既是传承历史的,又是面向时代、面向未来、面向世界的。志愿服务精神所概括的"八个字"——"奉献、友爱、互助、进步",植根于中华优秀传统的核心精神,我把它称为中国"心",这"八字"的精神,既传承了中国优秀传统文化,又融入了时代的进步要求。

一、"志愿"两字以"心"为基

什么是志愿服务?首先,我们先对汉字的"志"字和"愿"字作点解读。

"志",形声字。从士,从心。

士,指具有某种技术学识或品德,又担重任的人。

心，指人的心脏。《说文解字·心部》："心，人心，土藏，在身之中。"古人以为心是思维的器官，故引申指思想、心意、内心、情绪、思谋等。

志，心所向往，意向、意念之意。《说文解字·心部》："志，意也。"本义为心之所向。中医认为志是一种志意，可应时而动，"志意者，所以御精神，收魂魄，适温寒，和喜怒者也"（《黄帝内经·灵枢·本藏》）。

儒家认为，无恒产而有恒心者，唯士为能，士之志为欲之所使，是气之帅，骨之主，是德义之府，忠信之途。《孟子·公孙丑上》："夫志，气之帅也。"《国语·晋语》云："志，德义之府也。"《鬼谷子·本经阴符七术·养志》曰："志者，欲之使也。"有志者不言而信，不动而威，不施而仁，安道如一，历万劫不变，至死不渝。因此，志士是有高尚的志向和道德情操的人。志士仁人不求生而害仁。敢杀身成仁者，志在创业建功，志在利国利民。

儒家的代表孔子认为："君子"要"志于道"。所谓"道"，就是远大的理想、坚定的信念，就是追求真理，追求正义，追求一个美好的社会。君子所追求和关切的就是这个"道"。这个"道"就是顺天应人——遵循天地之道、人性之道，即遵循自然和社会发展的规律，行走人生之正途。孔子说，"谋道不谋食""忧道不忧贫"。孔子还说："三军可夺帅也，匹夫不可夺志也。"孔子认为"志"是"行道"的前提。孟子主张士人的根本任务就是"尚志"。纵观历史，凡是有所成就的人，无不是胸怀大志、心中有坚定信念之人。有些人尽管头脑聪明、颇具才华，却因丧失志向、迷失方向，只能是一生碌碌无为。

一个人在人生的起跑线上，选择什么样的目标，树立什么样的志向，关系到他的前途命运和对社会贡献的大小。志向对一个人来说是前进的动力和方向，志向是否高远决定了一个人努力的方向和拼搏的热情。

《论语·公冶长篇》记录了孔子与弟子谈"志"的对话："颜渊、季路侍。子曰：'盍各言尔志？'子路曰：'愿车马衣轻裘，与朋友共，敝之而无憾。'颜渊曰：'愿无伐善，无施劳。'子路曰：'愿闻子之志。'子曰：'老者安之，朋友信之，少者怀之。'"这段话记录了孔子与弟子各自畅谈志向的情景。有一次，弟子颜渊与季路侍候在孔子的身边。孔子说："你们何不说说自己的志向？"季路说："我希望做到自己的车子、马匹、衣服、锦袍与朋友分享，即使用坏了也不会感到遗憾。"颜渊说："我希望做到不夸耀自己的优点，不把劳苦的事推给别人。"季路说："我希望听到老师的志向。"孔子说："使老年人安享晚年，使朋友都互相信赖，使青少年都得到关怀、照顾，健康成长。"

从以上三个人所说的志向看，虽然都有值得称道的地方，但也可以看出志向的高低。季路认为朋友的情义远重于个人的财物，应该共享，即使吃亏也心甘情愿，可以看出，季路是一个重义气、慷慨大方的人。但这还停留在"朋友圈"这个小圈子上。颜渊则注重道德修养，强调自我修养，既谦虚谨慎，又不辞劳苦，严以律己，宽以待人，修己利人。颜渊强调的是处理好人我关系，达到了"大我"的境界，但仍然有"我"的成分。孔子的境界则是大同社会，达到"无我"的境界，达到至善无我。季路志在情义，颜渊志在律己，孔子志在至善。孔子认为君子追求的人生理想不仅仅是自己个人衣食无忧，而是老有所养、

《春服舞雩》 朱光荣 画

朋友有信、幼有所长，关注的是全体社会成员的和谐和幸福。

再来看看"愿"字。

愿，形声字。从心，从原。

从"心"，以"人心向往高处，人心常望平安"作参照，表示有志未遂的愿望，也即人们常说的"愿景"。由于有愿望则慎为之，故引申为谨慎。

从"原","原"是"源"的初文,表示小股泉水流出,《释名·释地》:"原,元也。如元气之广大也。"原为泉水之本,即起始之所在。

《说文解字·心部》:"愿,谨也。""愿"的本意为心志向往未遂。"愿"是乐意,情愿,是希望,也是思念、愿望。

佛学要求一心向佛的人、乐于行善的人,要发愿,"愿"可以产生无穷的力量。星云大师曾经许了"说好话,存好心,做好事"的心愿,后来都一一实现了。六祖惠能在《坛经》中讲了"四弘誓愿":

> 自心众生无边誓愿度,
> 自心烦恼无尽誓愿断,
> 自性法门无量誓愿学,
> 自性佛道无上誓愿成。

第一个"愿"是自己心中有无量无边的众生,发誓愿将他们度尽。惠能认为菩萨是以拯救众生为目的的,因此,不仅是为了度己,而是为了"普度众生",让众生从生死苦海中解脱出来。即从存在于自己内心、也存在于众生内心的负面思想和情绪解脱出来。

第二个"愿"是自己心中有无边无量的烦恼，发誓愿将它们断尽。佛学认为扰乱众生的贪、嗔、痴等不净的业因，会使人迷惑、苦恼，不能解脱，是造成人生各种痛苦的根源，所以誓愿断除。

第三个"愿"是自己心中有无量无边的法门，发誓愿广为修学。为了超脱苦难，必须发愿学习和修习一切佛法，并加以弘扬。

第四个"愿"是自己心中有至高无上的佛道，誓愿成就实现。佛教的最高理想是涅槃和觉悟，所以发誓愿成就它。

这"四弘誓愿"既是一种愿望、目标，也是佛学修炼的途径：布施、持戒、忍辱、精进、禅定①、般若②。

志愿，要有孔子的大志、惠能的大愿。

"志愿"这两个字，均以"心"为基。这个"心"是仁人志士之心，也是原本之心，即人类善良的本性之心，是一种意志，也是一种信念。

"志愿"为志向，心之所向；为原本有的期盼，

---

①梵语，意为静虑。
②梵语，意为终极智慧。

是发自心灵深处、心甘情愿要践行的思想意识。"志愿"最核心的内涵：一是发自于自己的内心，是心灵深处的召唤，是一种"本愿"，是一种追求和向往。因此，具有意志坚定性和主观能动性。二是志愿的实现在不同阶段表现出不同的层次，从初始的某种兴趣、爱好逐渐上升成为一种向往和期待，并最终升华为自己内心的理想，成为激励一生的目标。三是志愿一旦确立，就能产生巨大的愿力，成为一种动力和能量，激发人们不怕千辛万苦地去实现它，这就是愿力转变力行，使人乐此不疲，痴心不改，勇敢前行。

《牛津当代百科大辞典》对"志愿者"做出的解释为：自愿从事或提供不以获得报酬为目的的服务者。2017年国务院公布的《志愿服务条例》第六条对"志愿者"的定义为：以自己的时间、知识、技能、体力等从事志愿服务的自然人。其特征有如下几个：①自愿；②不以获得物质报酬为目的；③服务于社会弱势群体与公益事业；④奉献自身资源如时间、知识、技能、体力等。

在联合国有关志愿服务的文献上，志愿服务被描述为："是一种在自愿的、不计报酬或收入的条件下参与推动人类发展、促进社会进步和完善社区工作的精神"，它是"公众参与社会生活的一种重要的方式"，是"个人对生命价值、社会、人类和人生观的一种积极态度"。联合国前秘书长安南在"2001国际志愿者年"启动仪式上的讲话中指出："志愿服务精神的核心是服务、团结的理想和共同使这个世界变得更加美好的信念。从这个意义上说，志愿服务精神是联合国精神的最终体现。"这句话指出了志愿服务精神的本质，表达了对志愿服务的由衷赞美。

志愿服务活动在世界上已经存在和发展了100多年。第二次世界大战以后，西方发达国家已把志愿服务纳入国家的发展和社会治理体系之中，通过制定法律法规来规范志愿服务。志愿服务如今已成为一种国际潮流。西方有学者指出："如果说人类发展前500年是技术革命带动全球的经济发展，那么今天人类正处于一个十字路口，面临的问题越来越多。后500年社会学、社会服务将成为在地球上生存的重点，人类也将开始重新调整自己。"

我国的志愿服务虽起步晚，但发展较快。我国最早的志愿者来自联合国志愿人员组织。1979年，第一批联合国志愿者来到我国偏远地区，从事环境、卫生、计算机和语言等领域的服务。20世纪80年代中期，民政部号召推进社区志愿服务。90年代初，中国青年志愿者协会成立。2013年，中国志愿服务联合会成立。据统计，至2020年12月，我国各类志愿服务组织超过78万家，实名注册志愿者超过1.9亿人。近年

《适卫击磬》 焦秉贞 画

来，我国"志愿服务"一词日益深入人心、耳熟能详。无论是脱贫攻坚，还是乡村振兴；无论是生态环保，还是邻里守望，在群众需要的地方就一定有志愿者的身影。一支支志愿服务队伍正活跃在我国城乡各个角落，他们的微笑与汗水，他们的努力与奉献，让道德散发馨香，让文明闪耀光芒。

二、志愿服务的"八字"精神

我国把志愿服务精神简练地概括为八个字：奉献、友爱、互助、进步。

（一）奉献

奉献是志愿服务精神的立足点，强调自我奉献，为他人服务，彰显了志愿服务精神的高尚性。首先，表现为"为公"。儒家主张"大道之行，天下为公"，以世界大同为目标，具有大公无私的境界。《礼记·孔子闲居》记载了孔子讲的"三无私"，即"天无私覆，地无私载，日月无私照，奉斯三者以劳天下，此谓三无私"。孔子认为人也要像日、月、星辰一样，无私地奉献。宋代的张载提出"为天地立心,为生民立命,为往圣继绝学,为万世开太平",这是奉献的出发点。其次,表现为用心用力,乐施好善。奉献的内容包括个人的精力、体力、智力、时间、财富和资源等。一个人的价值不在于他拥有多少财富、智慧,而在于为社会做出了多大的贡献,这是评价其人生价值的标尺。最后,所有这些奉献不但是无偿的,而且也是不求回报的。这些奉献是公正的,不分种族、肤色、等级和亲疏,特别是在生命危险的关键时刻,要伸手援助,救人于危难之中。这种奉献要求不能有私心,不能有功利心,要求与商业活动严格区分开来。同时,千万不要"作秀"和"张扬"。

(二)友爱

汉字的"友"字,甲骨文为 𠂇𠂇,金文为 ߃߃,是方向相同的两只手握在一起,志同道合之意。小篆为 ᔜ,是上下的两只手,会意为相互扶持。《说文解字·又部》:"友,同志为友。"古代的同志曰友,同门曰朋。"友"有三层含义:一是指志同道合的人。《战国策·楚策一》中有"以财交者,财尽而交绝;以色交者,华落而爱渝"之语,《史记·郑世家赞》中也有"以权利合者,权利尽而交疏"之言,指

《趋庭鲤对》 朱光荣 画

交友不能建立在金钱、权力、地位、美色的基础之上，友谊应建立在共同的志趣、爱好、品格的基础之上。二是指危难之际无私援助的人。危难之时见真情，真正的朋友会在你春风得意之时给你提醒，在你失意之日给你鼓励。三是指志趣相投的人。"友"是两只手朝着相同的方向，寓意相同的理想、情趣、爱好和经历，如学友、棋友、画友等。俗话说"物以类聚，人以群分"，拥有共同的志趣、共同的语言才有共同的情感基础。

汉字的"爱"字，繁体为"愛"，中间有一个"心"字，表示"爱"是一种心灵的感受，"爱"需要发自真心、内心，爱是心心相印、心灵相通。"爱"从友，表示"爱"既是知己，又是友人，既包含着亲情，又包含着友情。"爱"关键在于有"心"，没有"心"的爱是虚情假意。"爱"是无价的，也是不求回报的。真正的爱是心甘情愿的，爱的付出很伟大，不只是钱财，甚至是生命的付出。

友爱，就是友善和仁爱，是志愿服务的核心内容之一。友爱首先体现在对待他人，体现在处理人与我的关系上，以"我为人人，人人为我"为基本准则，以友好、友善和仁义、博爱待人，以平等之心待人，关爱他人，助人为乐，扶危济困，救死扶伤等；友爱还体现在善待万物上，爱护和保护动植物，建设友爱的生态环境。

友爱是对需要帮助的对象献出爱心，友善地对待他们，付出的行动出自于内心，要求在志愿服务中珍爱生命，欣赏他人，扶助他人，与人为善，平等尊重，对他人关爱、关心。志愿服务精神的这种关爱，不是施舍，也不是怜悯，而是一种可以让人感到温暖，获得感情慰藉的真情。

（三）互助

人作为社会中的一员，不能离开社会而生活，我们一生的命运都和社会大众有着密切的关系。譬如我们平日衣食住行所需，都仰赖社会各阶层的分工合作，只有互通有无才能日用无缺。互助是"助人中自助，自助中助人"，它的出发点是利他的道德选择，"送人玫瑰，手留余香"。互助是集体主义的体现，是人类命运共同体的要求。

汉字的"助"字，从且，从力，有加力相佐之意。《说文解字·力部》："助，左（佐）也。""助"字从"力"，表示"助"要尽心尽力。

互助，首先是自助。自助必须自强，要帮助别人自己必须先有能力，这个能力包括财力、智力、物力等，一个人假如自己都无法生存，就谈不上去扶助他人。其实，志愿者在帮助他人解决困难、获得进步的同时，自己也获得情感的满足、素质的提升、情操的升华，实现自我的发展。其次是助人。志愿者凭借自己的财富、知识、技能开展各种志愿服务活动，帮助那些处于困难和危难中的人们。最后是适度。无论是提供物力、财力,还是智力,都要在自身条件允许的前提下进行,不能超越自己所能承受的程度。志愿者以"互助"精神促进社会形成守望相助、助人为乐、乐施好善的良好社会风尚。

(四)进步

进步是检验志愿服务效果的一把标尺,也是志愿服务的最终目的。进步,首先体现在符合社会先进生产力的发展要求,促进国家富强、民族振兴和满足人民群众对美好生活的向往,这表明了志愿服务鲜明的时代性,它要求志愿服务要服务和服从于党和国家发展的大局,如脱贫攻坚奔小康,这是志愿服务的一项重要内容。其次体现在符合人类发展对真、善、美的向往,符合人的全面、自由发展的要求,促进社会的文明进步,努力提高国民的思想素养、文化素养、道德素养和健康素养。最后体现在符合科技进步的要求。集中为一个字,就是"时",即与时俱进、适合时宜、勇于创新,既善于运用科技手段,又促进科技创新,比如运用网络进行志愿服务的组织、动员、实施,把公益创投与志愿服务结合起来,等等。

三、志愿服务精神来自"仁爱之心"

志愿服务的八字精神,与中华优秀传统文化是一脉相承的,传承了中华优秀传统文化中的厚德仁爱、乐施好善、助人为乐、扶危济困等思想理念和道德精髓,产生于人类的本性和内心的自然追求,建立于信仰、道义、良知、同情心和责任感之上。

"志愿"这两个字都从心,表示从"心"出发,是发自于内心的自主意愿,萌发于内心的真实情感。"志愿"体现的是一种主动的情感,是内在的需求和意愿,把爱人如己、奉献社会作为一种远大的志向和期待。从事志愿服务或公益事业,首先必须有时间、有能力、有一定的资金,但最关键的在于有"心",有情怀、有志向、有愿望,没有"心",一切都是空谈,这个"心",就是《论语》中所说的"仁爱之心"。

"仁爱"是孔子儒家思想的核心概念。《论语》中提及"仁"字有一百多次。孔子讲"仁、义、礼、智、信","五德"之中,"仁"是基本价值,是其他价值的基础。《论语·八佾篇》:"子曰:'人而不仁，如礼何？人而不仁，如乐何？'"孔子说：一个人假如没有仁爱之心，礼乐再多又有什么用呢？"仁"是"五德"之基，居"五德"之首，如果没有"仁"，"义"可能变成莽撞、野蛮，无情义可言，是一种江湖习气；"礼"会成为形式主义、虚情假意和造作；"智"会变成投机取巧的小聪明和狡猾；"信"则是机械和死板。"五德"之中后面的"四德"，其价值通过"仁"才得到滋润和扩展。

（一）"仁者爱人"是对他人尊重和关爱的情怀

什么是"仁者爱人"？《论语·颜渊篇》中写出了孔子的回答："樊迟问仁。子曰：'爱人。'"

孔子的弟子樊迟，向孔子请教什么是"仁"，孔子做了一个简洁的回答："爱人。"即爱护和关怀他人。

孟子对"仁者爱人"的内涵做了阐述，他在《孟子·离娄下》中说："君子所以异于人者，以其存心也。君子以仁存心，以礼存心。仁者爱人，有礼者敬人。爱人者，人恒爱之；敬人者，人恒敬之。"孟子说，君子与普通人的差别，在于时刻把"仁"置于心中。仁德之人能够关爱他人，有礼之人能够尊重别人。关爱他人的人，才会受到他人的爱戴；尊敬他人

的人，才会受到他人的尊敬。

　　董仲舒则对"仁者爱人"提出了具体的要求，他在《春秋繁露·必仁且智》中说："何谓仁？仁者，憯怛爱人，谨翕不争，好恶敦伦，无伤恶之心，无隐忌之志，无嫉妒之气，无感愁之欲，无险诐之事，无辟违之行，故其心舒，其志平，其气和，其欲节，其事易，其行道，故能平易和理而无争也，

《有教无类》 朱光荣 画

如此者,谓之仁。"

　　董仲舒在这里指出,仁就是同情爱怜别人,谦谨而不与人争。怎么才能做到"仁"呢?他指出了"六个没有",即没有伤害他人之心,没有隐瞒禁忌之图,没有嫉妒的心气,没有敏感忧愁的欲望,没有阴险邪恶的居心,没有怪僻背理的行为,因此心情舒坦，志向豁达，气息和顺，欲望得到节制，做起事来简易明了，行为符合道义，所以为人性情平易，温和有礼，与世无争，能做到这些就是"仁"了。可见，仁是具有博爱的情怀，有关爱他人的行为，是人要用一辈子去努力实践的德行。

拥有一颗仁爱之心，内心是强大的，能量是无限的，人生价值是无价的。德兰修女可以说就是这样的一个典范。

德兰修女，即特蕾莎修女，阿尔巴尼亚人，一生都在印度的加尔各答为穷人服务，被誉为"穷人的圣母"。她从12岁起，直到87岁去世，从来不为自己，只为受苦受难的人活着。她把一切都献给了穷人、病人、孤儿、孤独者、无家可归者和临终者。特蕾莎修女以博爱的精神，默默地关注着贫穷的人，使他们感受到尊重、关怀和爱。她的生活简朴，住的地方除了电灯外，唯一的电器是一部电话，她只穿凉鞋，不穿袜子，平常吃的常常是盐拌米饭。她去世时，个人的全部财产只有一双凉鞋和三件绣着蓝边的白色粗布纱衣，一件穿在身上，一件待洗，一件已经破损，需要缝补。

德兰修女可以说很"贫穷",也可以说很"富有"。她的富有体现在她的贡献中。她留下了超过10万名以上的义工,还有在123个国家中的610名慈善工作者。1997年9月她逝世时,印度政府为她举行了只有总统和总理才有资格享有的国葬,来自20多个国家的400多位政府要员参加了她的葬礼。

我们从德兰修女身上看到什么样的精神和品格呢?可以说德兰修女以博爱的精神,用诚恳、服务和行动,医治人类的"精神病症"(如自私、贪婪、冷漠、残暴等恶行),为社会的正义、关怀、大爱、慈悲做了杰出的贡献。德兰修女可以说达到了圣人的境界,我国的雷锋可以与之相媲美。

雷锋短暂的一生集中地表现出仁爱互助的集体主义精神,表现出中华儿女高尚的道德情操。这就是坚定的共产主义理想信念,热爱党、热爱社会主义事业的政治热忱,自强不息、艰苦奋斗的革命意志,团结友爱、助人为乐的道德修养,见义勇为、奋不顾身的英雄气概,追求进步、刻苦钻研的学习态度,言行一致、尽职尽责的实干精神。有人将雷锋精神概括如下:一是"奉献"精神。因为雷锋精神的核心是为人民服务，"雷锋"二字，已成为人们心目中乐于助人、扶贫济困、见义勇为、善待他人、奉献社会的代名词。二是"钉子"精神。雷锋对待工作总是干一行爱一行、钻一行，立足本职，尽职尽责，努力以钉子的"挤"劲和"钻"劲，使自己成为工作的内行人。三是"螺丝钉"精神。雷锋谦虚待人，甘于平凡，从点滴做起，从小事做起，服从革命的需要和组织的安排，党叫干啥就干啥。他把自己的生命融入党和人民事业的整体之中，立志在平凡中干出不平凡的业绩，乐于做一颗永不生锈的"螺丝钉"。四是"艰苦奋斗"精神。雷锋出身贫苦，在旧社会，父母和哥哥因疾病和饥饿去世，他7岁便成了孤儿，深知生活的艰辛。因而，他在工作和生活中的一言一行都体现出中华民族勤俭节约、艰苦奋斗的传统美德。

当然，能达到德兰修女和雷锋境界的毕竟是少数，我们主要学习他们的精神和品格。

（二）"仁爱"是一个人安身立命之本

《论语·里仁篇》提到："子曰：'不仁者，不可以久处约，不可以长处乐。仁者安仁，知者利仁。'"孔子说：不仁的人不可以长久处于穷困中，也不能长久处于安乐之中。有仁德的人安于仁，聪明的人会利用仁。不仁的人假如长期处于穷困之中，就会去偷、去抢，走上犯罪的道路；不仁的人处于安乐的环境之中，就会富贵思淫欲，纵情于声色犬马之中，从而走向堕落。

《论语·里仁篇》："子曰：'唯仁者能好人，能恶人。'"孔子说：只有仁者才能喜欢别人，憎恶别人。具有仁爱的人，有明辨是非的能力，爱憎分明，善于处理好人际关系。

《论语·里仁篇》："苟志于仁矣，无恶也。"孔子说：只要立志实行仁德，就不会做坏事。这就是说，仁爱的人就会走上行善的大道。

孔子认为"仁爱"来自于人的内心，是人成为人的本性。汉字的"仁"字，是一个会意字，甲骨文为㇐㇐，小篆为㇐㇐。甲骨文、小篆皆从人，从二，会二人相亲近，以人道相待之意，即对人亲善、同情、友爱。

《说文解字·人部》："仁，亲也。从人，从二。"《礼记·经解》："上下相亲谓之仁。""仁"的本意是以人道待人，对人亲善、仁爱。"仁爱"是一种人道主义的情怀。仁从人，这表示仁来自人的天性，是人所具有的本质要求，也是人和动物的最大区别，还是做人的基本准则。

（三）"仁爱"以爱为起点，从爱他人延伸到爱万物

孔子说"立己立人"要"志于道，据于德，依于仁，游于艺"。这个仁有体有用，仁的体是内心的仁爱，其用表现为爱人、爱物。"依于仁"就是依傍于仁，要有爱心，爱人、爱物、爱社会、爱国家、爱世界，直至爱自然、爱天下。仁爱之心，表现在：

第一，仁爱坚持"唯人最贵"，尊重生命、敬畏生命、珍惜生命，把他人的生命安全和健康放在首位。许多医疗志愿服务项目，如"救心行动"、"畸形脊柱侧弯矫正"应急救护知识培训、预防疾病知识普及和健康指导、"三献"（献血、献器官、献骨髓）行为等，都属于这一范畴。郭明义的爱心团队可以说是这方面的典型代表。

郭明义爱心团队成立于2009年7月，下设希望工程爱心联队、无偿献血志愿者应急服务大队、造血干细胞捐献志愿者大队、遗体（器官）捐献志愿者俱乐部、慈善义工大队、红十字志愿者急救队和红十字志愿者服务队七支大队，170余支分队，注册志愿者达到6万多名，参加活动的志愿者遍布全国。至2019年，郭明义爱心团队累计捐款200多万元，在新疆、重庆援建希望小学各1所，资助困难学生2 900多名，

《养正图》 冷枚 画

无偿献血130多万毫升,捐献造血干细胞血液样本5 000多例,800多人成为遗体(器官)捐献志愿者。

郭明义说:"社会上还有很多人需要帮助,单靠我一个人的力量,太渺小。我不图任何回报,只希望用我的爱心换来别人的爱心,由一朵朵爱的浪花汇聚而成的,必将是爱的洪流!"

郭明义是这个爱心团队的一面精神旗帜,他挚爱、真诚,执着于志愿服务事业,30年如一日热心于公益事业,献工、献血、献钱、献物。20年间他个人累计献血量达到6万毫升,相当于自身总血量的10倍,至少可以挽救75名危重患者的生命。郭明义的爱心至真、至诚、至纯,没有一点功利,不图任何回报。他坚信"人世间缺少的不是爱心,而是激发爱心的那一个人、那一件事"。他自己则愿意做"一颗无惧风雨的火种",去点燃人们内心的爱,实现"汇聚爱—播撒爱—传递爱"的社会循环和正能量的传播。

第二,仁爱以爱己、爱亲人作为起点,然后向外扩展,超越个人主义、民族主义,甚至人类中心主义,和天地万物融为一体,是一种"大爱无疆"。

孔子认为仁爱之心首先要从爱亲人、爱身边的人开始。孔子说:"仁者人也,亲亲为大。"(《礼记·中庸》)意思是说,人要成为仁者,先要关爱与自己有血缘关系的人,要以"孝悌"作为行"仁"的根基。《论语·学而篇》中说:"其为人也孝弟,而好犯上者,鲜矣;不好犯上,而好作乱者,未之有也。君子务本,本立而道生。孝弟也者,其为仁之本与!"意思是说,一个人只有孝敬自己的父母,又尊爱自己的兄长,他才能把这种爱推及别人,才能对外人也如对自己的父母兄弟一样,温和宽容敬爱。这样的"谦谦君子",他冒犯上级的可能性很小。如果一个人不喜欢冒犯尊长,那么他喜欢作乱的可能性也极小。君子要在"仁"这个根本上下功夫,如果根本建立好了,人道也就生发出来了。孝敬父母、尊爱兄长,就是仁的根本。一个人只有从孝悌开始,然后才能实现"在家做孝子,在外主忠信,在朝做忠臣"的价值延伸。

孔子的这个说法充满了人情味。一个人假如对父母不孝,就不可能对他人"仁"。假如一个人对他人无私又关爱,而对亲人冷漠和苛责,这是违反人性、

不合情理的。

  但仁爱仅仅停留在爱亲人上还是不够的,还要推而广之至更多的人。孔子说:"泛爱众,而亲仁。""泛爱众"就是在爱亲人的基础上,还要爱友人、邻人、国人,尊重长者,关怀弱者,体谅他人,并在工作岗位上关爱服务的对象。如作为领导干部,

《删定六经》 朱光荣 画

要仁爱群众，为群众分忧解愁，满足他们的合理诉求；作为老师，要仁爱学生，真诚地为学生授业解惑，让学生健康成长；作为医生，要仁爱病人，救死扶伤，解除病痛。这就是秉持博爱的情怀，让社会充满温情、温暖。

仁爱之心，推而广之，由爱人延伸至爱万物。孔子的仁爱思想是从血缘关系的自然之爱出发,以亲亲之爱为轴心,由里向外扩张,由人及物。《论语·述而篇》说:"子钓而不纲,弋(yì)不射宿。"意思是说:孔子不用大绳结网捕鱼,只用竹竿钓鱼;用箭来射鸟,但不射杀归巢歇宿的鸟。所有这些都反映了孔子怜爱万物之心。仁者不仅"仁人",而且要"爱物",将仁爱拓展至天地万物。北宋张载说:"民吾同胞;物吾与也。"(《正蒙·西铭篇》)张载认为民众是我们的同胞,万物是我们的朋友。"仁爱"万物,是我们建立友好型社会,保护生物的多样性、丰富性的思想基础,对于有生命的东西,要倍加珍惜和爱护,不能随意捕杀,要始终保持敬畏的态度,关爱世间万物。

今天,我们倡导保护动物的行动,也是仁爱之心的体现。

(四)仁爱之心的施予要适当

"仁"见诸效果。"仁爱"的施予,仅仅有良好的动机是不够的,还要因人、因地、因时而行,讲究时、度、效。

第一,要分清施予的对象。"仁爱"的施予是亲人、友人，而对于我们的敌人，则应"以牙还牙"，"犯我中华者，虽远必诛"。《农夫与蛇》的故事充分证明了这一道理。仁爱施予不能仅有同情心，还要坚持正义、公正的原则，没有原则的仁爱，是世上的一种"恶"。

第二，要选择适当的施予对象。《论语·雍也篇》提到："子华使于齐，冉子为其母请粟，子曰：'与之釜。'请益，曰：'与之庾。'冉子与之粟五秉。子曰：'赤之适齐也，乘肥马，衣轻裘。吾闻之也：君子周急不继富。'"

意思是：公西赤（子华）奉派出使齐国，冉有替公西赤的母亲请求给一些小米。孔子说："给她六斗四升吧。"冉有请求再增加一些。孔子说："再给她二斗四升吧。"冉有却给了她八百斗。孔子说："公西赤到齐国出使，坐着肥马驾的车辆，穿着轻暖的衣袍。我只听人说过：君子是雪中送炭、救济穷困的人，而不是接济富有的人（周急不继富，就是济助别人的穷急，而不增加别人的财富）。"用今天的话来说，就是多做"雪中送炭"的工作，少做"锦上添花"的事情。我们要帮扶的主要对象是老、弱、病、

《适卫击磬》 仇英 画

第一讲 志愿服务的精神基因:"仁者爱人"

残、孤、寡,是社会的弱势群体,是真正有困难的人。

第三,要适度。帮扶他人是助他人一臂之力,而不是大包大揽,要防止出现"斗米恩,升米仇"的现象。过度的资助,往往会让受助者认为受助是天经地义的事情,从而养成依赖、懒惰和不求上进的心理。扶助是一种外力的帮助，关键还在于本人的努力。从这个意义上看，过度的施予也是一种"加害"。

第四，要防止"偏爱"。每一个人对"爱"会有心理偏好，比如由于自己的职业习惯、兴趣、爱好，导致自己产生"偏爱"，从而影响了公正、平等的心理选择。为此，我们在"仁爱"地施予时，要警惕"偏爱"的产生，做出公正的选择。

第五，要讲求实效。从仁爱出发，还要看效果。有时仅有良好的动机并不能带来良好的效果，甚至还会适得其反，这就需要有智慧、有远见。

春秋时期，鲁国规定："国人凡有去国外旅行者，见到鲁国人在外沦落为奴，可花钱把他赎回，回国后可去国库报销费用。"孔子的弟子子贡在外面看到鲁人为奴，遂花钱将其赎回，但没去国库报销。很多人称赞子贡品格高尚，孔子知道后却大骂子贡。

别人觉得奇怪："赎人不去报账不是很高尚吗？"孔子说："错了。子贡的做法会导致更多奴隶不能被救赎。将来别人看见鲁人为奴时就会这么想：'我赎买后，若去报账，品格就不如子贡。不报账吧，又负担不起。'于是只好装聋作哑不去赎人。子贡不报账的做法，实际是在阻碍更多奴隶被救赎，是有害的。"

可见，仁爱的施予其效能的评价要看最后的结果，防止带来副作用甚至是相反的结果，力戒"好心办坏事"。

（五）仁爱不是停留在口头上，而是要立即付诸行动

《论语·述而篇》："子曰：'仁远乎哉？我欲仁，斯仁至矣。'"

孔子说："仁德难道离我们很远吗？只要我愿意行仁，立刻就可以行仁。"行仁仅有意愿是不够的，还要当下就付诸行动。孔子期许弟子不但要"志于仁""不违仁""依于仁"，而且要当下行仁，可见，"仁"并非与生俱来，而是可以后天培养的；也并非一种空谈，而应当即付诸实践。

2019年10月，中共中央、国务院印发的《新时代公民道德建设实施纲要》有一段话专门论述志愿服务工作，指出："学雷锋和志愿服务是践行社会主义道德的重要途径。要弘扬雷锋精神和奉献、友爱、互助、进步的志愿精神,围绕重大活动、扶贫救灾、敬老救孤、恤病助残、法律援助、文化支教、环境保护、健康指导等,广泛开展学雷锋和志愿服务活动,引导人们把学雷锋和志愿服务作为生活方式、生活习惯。推动志愿服务组织发展,完善激励褒奖制度,推进学雷锋志愿服务制度化常态化,使'我为人人,人人为我'蔚然成风。"这段话强调了志愿服务是培育良好道德风尚的重要途径,指出了志愿服务的主要内容,提出了要让志愿服务成为每个人的生活方式、生活习惯,使之制度化、常态化的要求,这是一个非常高的要求。

四、志愿服务的五大特征

志愿服务由志愿服务精神所决定,有五大特征:

第一,自愿。即主观的自觉、自主的选择,没有外力的强制,是发自于内心的追求。

第二,无偿。不图物质报酬。"志愿者"最初叫"义工",即"义务劳动者",是无偿劳动的。超越了常规的经济等价交换的原则。当然,虽然志愿服务动机上不图物质报酬，但并不是说不需要一定的物质条件。

第三，公益。服务的内容是做对社会公众和困难群体、弱势群体有益的事。其特性在于一个"公"字，增进和促进公众的利益。

第四，奉献。志愿服务和慈善、公益事业有一个共同的地方是奉献自己的财物，类似佛教讲的"布施"，即"身布施"，如献血，捐献骨髓、器官；"财布施"，如捐款；"法布施"，即传播正理、正念等。但志愿服务与慈善、公益也有差别，志愿服务更多的是奉献自己的时间、精力、智力、经验和人脉资源。

第五，业余。志愿者参与志愿服务活动不在上班时，而是利用业余时间、自愿且不取报酬地为他人提供服务。

志愿服务是志愿者奉献爱心的一种方式，是志愿者源自心灵深处爱与被爱、自尊、认知与自我实现需要而形成的感恩社会、回报社会、完善自我、超越自我的外在体现，是人性向善所使然。

在现代社会，志愿服务成为填补"市场不为"和

"政府不及"之间空缺的重要力量,是推进国家治理体系和治理能力现代化的重要内容之一。志愿服务一方面可以弥补"市场失灵"所带来的不足:市场追求的利润和效益,如果缺乏人文精神的引领,可能会损害公平、正义,加剧"两极分化",也会导致人文精神在某种程度的失落,志愿服务可以矫正在市场经济发展过程中人文、道德的负面影响;另一方面,志愿服务还可以补充政府构筑的安全保障网不能全方位覆盖的不足,起到"拾遗补缺"的作用,使协调、共享的发展理念真正地落到实处。正因为如此,志愿服务事业越来越为党和政府高度重视,呈现方兴未艾的发展之势:一是群众化。广大民众参与志愿服务的热情高涨,广东省注册志愿者已达1 200万人,约占总人口的11%,但这个数字与发达国家相比还有一定的差距。二是法治化。广东于2010年最早颁布了《广东省志愿服务条例》,国家自2017年12月1日起正式实施《志愿服务条例》。三是信息化。广东省建立了"i志愿"系统,实现了全省"一张网"的全覆盖。四是组织化。志愿服务从分散、自发走向组织化,广东省志愿服务组织超过了10万个。五是制度化。经过20多年的发展，形成了志愿者从登记、培训、管理、服务到嘉许的制度。六是交融化。志愿服务与慈善、公益活动相融汇，"党工、社工、义工"实现了联动。七是专业化。志愿服务的分工越来越细，越来越专业，专业志愿服务使服务更为精准、有效。八是科技

《陈蔡绝粮》 朱光荣 画

化。志愿服务运用现代的科学技术，"互联网+志愿服务"成为一种新的潮流，网络成为动员、组织、实施、募捐的重要平台。

总之，志愿服务深入人心，渗透到社会生活的各个方面，越来越为人们所认同，人们对志愿服务的参与度也越来越高。

五、志愿服务要从"初心""仁心"出发

我们从上面看到志愿服务源于中华传统文化的仁爱之心，这就点明了志愿服务的心理动力，回答了为什么人们热心做志愿工作。

二十世纪五六十年代，美国心理学家马斯洛从需要层次的角度提出了行为动机理论并得到了学术界的普遍认可。根据马斯洛的层次需要理论，人类复杂多样的内在需要可从低到高分为七大类：较低的前四层，即生理需要、安全需要、归属与爱的需要、尊重需要，称为基本需要；较为高级的后三层，即认知需要、审美需要和自我实现与超越需要，称为心理需要或成长性需要。

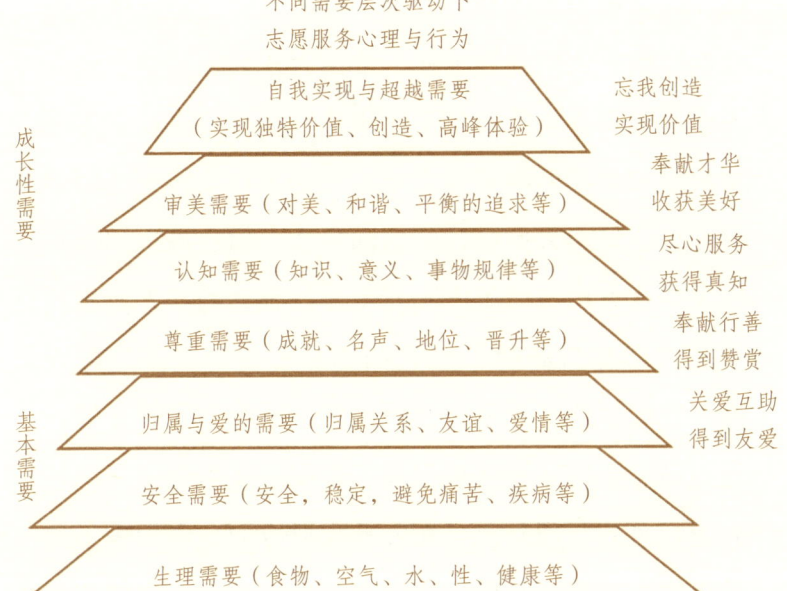

从人的心理动力结构看,参与志愿服务可以获得如下"五感":

(一)满足归属与爱的需要、尊重的需要,获得归属感

从归属与爱的需要看,人类是社会性的动物,绝大多数的人具有归属某个群体的强烈需要,比如团队、国家等。不少研究认为，在以往相对封闭的农业社会时期，人们存在天然的部落，比如家族等，每个人自动成为其中的一员，而现代社会却没有这么多的机会来满足我们的归属需要，从熟人社会转变为陌生人社会，虽然人们居住的空间集中，但心理空间却在拉大，在大城市邻里之间互不交往很普遍，人们出现了孤独感和疏离感，这是归属需要得不到满足的表现。在城市地区人们自发组织的同乡会、同学会等，是归属需要的一种体现，加入志愿服务组织也是一种渴望归属的心理需要。在爱的需要方面，人们除了要受到家人和周围其他人的关心、爱护和支持之外，还存在同情、怜悯和爱护他人的需要，而志愿服务正好契合这种需要。人们在加入志愿服务团队中，成为志同道合的朋友，在参与志愿服务的过程中，增进交流，加深了解，消除孤独感，获得归属感。

（二）满足他人的尊重和自尊的需要，获得荣誉感

每个人都有用实力、才华、优势获得自信、独立和自由的需求，满足对地位、声望、荣誉、赞赏等的需要。人们在志愿服务中帮助他人，得到嘉许，可以得到赢得声望、他人赞赏等需要的满足，在行善中则可以得到对实力、才华等内在需要的满足。因此，为满足这种荣誉感要给志愿者以嘉许，如授予"五星级志愿者"的荣誉称号。人们参加志愿服务，既有能力的提高、心灵的修炼，又能收获好名声。这种荣誉感可以带来光荣感，可以获得自我实现的满足。

（三）满足"被需要"的需求，获得存在感

归属与爱的需要、尊重的需要等，可通过"被需要"来满足。被需要意味着被承认、认同和得到尊重，实质也是存在感的存在形态和彰显。因此，"被需要"从某种角度来说，是人生的意义所在，对我们每个人来说都非常重要。一个人觉得活着对家人、对他人、对社会有用，人生才有意义。"存在感"体现了一个人存在的价值和意义。例如，农村现代远程教育志愿者周志永，总结他在开展志愿服务时的感受："我有种被需要的感觉，并决定利用自己的知识为村民做点什么。人们对我们志愿者的认可，就是对志愿者最好的回报，志愿者最大的幸福，就是时刻有种被需要的感觉。""被需要"就是被信任、被依赖，这是一种特殊的、让人愉悦的、高级的人生体验。个体通过参与志愿服务活动而感受到被人需要的快乐和幸福。广州大学有位参加过广州亚运会的大学

生志愿者说:"被记得是人生小幸,被需要是人生大幸。""被需要"比其他方式更能体现人生价值,实现道德发展。曾参加西部计划志愿者支教项目的谭铠曾在日记中这样写道:"我始终相信人生的价值在于被需要,虽然我可以成为一名白领,但我却可能找不到生活的满足感,我宁愿生活在被需要的地方。"就这样,她选择了到西部支教之路。

(四)满足认知和审美的需要,获得幸福感

志愿者在服务的过程中,个人能力得到提升,学识获得增长,而为善可以给人带来审美的享受,为此,志愿者在求真、求美、求善的过程中,可以获得幸福感。幸福感是一种主观感受。幸福感主要来自于精神满足。蔡元培先生说:"幸福者,不惟在体魄之享受,而尤在精神之快乐,是为自利。虽然,仅仅谋现在之所谓幸福,而未达于具足之生活,犹以为未足。于是谋体魄及精神之进步,以求达于具足生活之境,是谓自成"。(《蔡元培哲学论集·哲学大纲》)物质的满足是短时间的,甚至是瞬间的快乐和幸福,也是呈边际递减效应的,正如吃面包吃饱了还要吃就难受了一样。精神满足则不同,这种幸福感是

持久的，是可以回味的，是边际效应递增的。有一位支教志愿者说："大城市多你一个少你一个无所谓，虽然在大城市里有成功感、成就感，但你不会有崇高感和幸福感，而在山区支教，你会有这样的感觉，因为孩子们的人生可能由于你的参与而得到改变。在这里，我获得了从未有过的被别人需要的满足和快乐。"显然，为善是精神上的快乐，是其他行为难以赋予的，只有亲身实践的人才能体会得到。志愿服务者在帮助他人的过程中，在减轻和消除他人的痛苦中，在帮助他人排忧解难的过程中，获得了心情的愉悦。这也是志愿者乐意参加志愿服务活动的动力之一。大学生穆龙2010年毕业后成为西部计划志愿者，两年服务期满后，他考取了重庆綦江区扶欢镇安育村大学生村官，在这里他开办了市民学校，开展村民技能培训，发展绿色产业，使安育村从一个无产业的"荒村"变成充满生机的希望村。他在日记中写道："大家都说农村苦、生活不方便。但在村里，我感受到了被需要的幸福。现在，我总算深刻体会到沈浩同志那句话的意义。他说：'我是吃了不少苦，但看到小岗村一天天在变化，作为一个党员干部，我就有一种强烈的幸福感。'"

（五）满足实现自我价值的需要，获得成就感

实现自我价值的需要，是最高层次的需要，是一种"高峰体验"，是指实现个人理想、抱负，发挥个人的潜力，是对个人利益超越的需要。雷锋之所以伟大，除了他对党、对国家、对人民的无限热爱之外，还因为他有着强烈的自我实现和超越自我的主体性意识与强劲的个体能动性。从《雷锋日记》中可以看出，雷锋有很强的自我实现和超越自我的意识，对于生命的价值和意义也有着不懈的追求，比如他认为："吃饭是为了活着，但活着不是为了吃饭。""人的生命是有限的，可是，为人民服务是无限的，我要把有限的生命，投入到无限的为人民服务之中去。""凡是脑子里只有人民、没有自己的人，就一定能得到崇高的荣誉和威信。"如果雷锋没有自我实现和超越自我的个体意识与能动性需求，他也就不可能实现自我生命的价值和意义。志愿者在为他人做贡献时，享受了为他人服务的过程，这种幸福感、成就感与付出成正比，帮助的人越多，这种成就感越大，幸福感持续的时间越长，人生的价值也就越能得到体现！

第一讲 志愿服务的精神基因:「仁者爱人」

055

《与弟论仁》 朱光荣 画

《寄心击磬》 张楷修 邵以仁 增修

第二讲 志愿服务的道德情怀:『博施济众』

志愿服务的力量源泉来自于中华文化中的"仁爱之心",同时,又是中华民族优秀道德情操的体现。《论语·雍也篇》记载:"子贡曰:'如有博施于民而能济众,何如?可谓仁乎?'子曰:'何事于仁,必也圣乎!尧舜其犹病诸!夫仁者,己欲立而立人,己欲达而达人。能近取譬,可谓仁之方也已。'"

子贡问:假如有一个人能够广泛地给予百姓实惠,又能济助众人,这个人怎么样?可以说具备了仁心仁德了吗?孔子回答说:那何止是仁道!那一定是圣德了!连尧舜都会觉得难以做到啊!何谓行仁,就是在自己想要安稳立足时,也帮助别人安稳立足,在自己想要进步通达时,也帮助别人进步通达,能够推己及人,将心比心去做,这是实践仁道的方法。

孔子在这里讲的道德情怀就是"博施济众",利己利他。清代名臣曾国藩在《书赠促弟六则·恕》中写道:"我要步步站得稳,须知他人也要站得稳,所谓立也。我要处处行得通,须知他人也要行得通,所谓达也。"如果我们每个人都有一颗仁爱奉献之心,慷慨无私地去帮助他人,就能在帮助他人之时,也收获自己的成长和进步,更赢得人们的赞许和尊重。当然反过来,在你需要时,也会有人给你帮助,这无疑是一种双赢的结果,也是一种爱、仁和善的传递和循环,让社会充满正能量、温情和温暖。

志愿服务体现了中华民族宽广的道德情怀。这种情怀可以概括为从"进德修业"到"博施济众",是个体自我人格的完善,是生命价值的提升,同时,又能促进人与人、人与物的良性互动以及和谐社会的发展,是实现修身、齐家、治国、平天下的重要途径。

一、志愿服务是"进德修业"的道德修炼

《易经》最早提出了君子人格修养的内容是"进德修业"。《周易·文言传》乾文言中说:"子曰:'君子进德修业。忠信,所以进德也;修辞立其诚,

《孔子弟子像·孔宣父》(局部)　阎立本 画

所以居业也。'"孔子说：君子要增进德行，营修功业。忠诚和守信，就可以增进美德；修饰言辞可以表达自己诚实之心，所以能够守住基业。《易经》在这里讲述了"进德"与"修业"的关系。"进德"是基础，只有修养好自己的"德"，才能守住基业。为此，《周易·系辞下》讲要防止"德薄而位尊，智小而谋大，力小而任重"的现象。"德""业"要相互匹配，否则会招致灾祸。

《论语》也反复强调了"德"的重要性。《论语·里仁篇》说："君子怀德，小人怀土；君子怀刑，小人怀惠。"意思是说君子关心的是德行，小人在乎的是土地（产业）；君子关心的是法度，小人关心的是恩惠。

《论语·述而篇》说："德之不修，学之不讲，闻义不能徙，不善不能改，是吾忧也。"孔子在这里讲，德行不好好修养，学问不好好讲习，听到正义不能奔赴，有了缺点不能改正，正是我所担忧的。孔子首先强调的是进德，然后才是修业。

《论语·里仁篇》说："德不孤，必有邻。"指出了有道德的人不会孤单，一定会得到人们的亲近与支持。孔子在这里把德行作为最大的亲和力，德高必然望重，道德具有最大感召力，能够得到人们的拥戴。

《大学》开宗明义讲："大学之道，在明明德，在亲民，在止于至善。"意思是说：大学之道，在于彰显自己本来光明善良的德性，进而革新人民，以达到圆满的道德本性。

《大学》又说："富润屋，德润身。"财富可以装饰房屋，道德则可以修养身心。

那么，什么是"德"？"进德"的意义何在？

"德"是中国传统文化核心的道德观念。《易经》讲要"厚德载物"，儒家讲"礼"与"仁"互为表里，修身"仁义礼智信"，处世"温良恭俭让"，举凡忠孝节廉、正直刚柔、恕宽敬敏等真诚善美皆为"德"。《孙子兵法》认为"智信仁勇严"是领兵打仗的将军应有的五种德行。

道家的老子也注重"德"的概念，他在《道德经》中讲："从事于道者，同于道；德者，同于德；失者，同于失。同于道者，道亦乐得之；同于德者，德亦乐得之；同于失者，失亦乐得之。"意思是说，追求"道"的人,就与"道"同行;修德的人,所认同的是有德;失德的人,所认同的是无德。与"道"同行的人,"道"也会乐于得到他;认同有德的人,德也会乐于得到他;认同失德的人,无德也会乐于得到他。老子又说:"道生之,德畜之,物形之,势成之。是以万物莫不尊道而贵德。道之尊,德之贵,夫莫之命而常自然。"老子在这里说,由道来产生,由德来充实,由物质来赋形,由具象来完成。因此,万物无不尊崇道而重视德。道受到尊崇,德受到重视,这是没有任何命令而向来自然如此的。德是道的外在表现形式,道德就是尊道循德。总之,"德"是一种高尚的精神情操和品行。

姜子牙在《六韬·文韬·文师》中则指出了"德"的内涵:"免人之死,解人之难,救人之患,济人之急者,德也。"

中国传统文化为什么要强调"进德"呢?

首先,立德是立功、立言的前提。《左传·襄公二十四年》中说:"太上有立德,其次有立功,其次是立言,虽久不废,此之谓不朽。"

大意是说,人在有生之年,首先是以高尚品德垂范后世，其次是建立伟业造福社会，再次是要以著书立说垂教后人。一个人做到立德、立功、立言这"三立"，就可以谓之"不朽"，被后人奉为圭臬（guīniè）。

古往今来，众多文人雅士、社会精英、有志之士，将"三立"作为人生追求的目标。

清代著名文学评论家王永彬有这样两句名言："人之足传，在有德，不在有位；世所相信，在能行，不在能言。"

这里讲的就是一个人能够声名远扬，在于有高尚的品德，不在于有多高的权位；人们相信一个人，在于他能有切实的行动，不在于他口头上说得好听。

爱好书法的人大概都知道，其实宋代四大家"苏黄米蔡"中的"蔡"本是蔡京，但因其臭名昭著，故更换为蔡襄。又如严嵩，书法绝佳，但因属奸臣，其书法竟至绝迹。

可见，一个人的才华固然重要，但最终决定一个人是永垂不朽还是臭名昭著的，则是这个人的道德品质。

其次，进德可以获得福报。有德的结果是有得，"德"的本字是"得"。"德"通"得"，寓意"德"的结果必然得到德报。俗话说，"种瓜得瓜，种豆得豆。"播下美德的种子，必然结出美德的果实，这是一种因果关系。"大富靠德，中富靠智，小富靠勤。"这是至理名言。

《命赐存鲁》 孔宪兰 刻本

《大学》说:"是故君子先慎乎德。有德此有人;有人此有土;有土此有财;有财此有用。德者本也,财者末也。"《大学》认为道德君子应该以修德为优先。君主有了道德修养,就会有人民归附;有了人民归附,就会有土地;有了土地,就会有财富;有了财富就会供给人民足够的生活用度。道德是根本,财富是枝节。

《中庸》也有一段讲"进德"的好处,第十七章说:"子曰:'舜其大孝也与!德为圣人,尊为天子,富有四海之内。宗庙飨(xiǎng)之,子孙保之。故大德必得其位,必得其禄,必得其名,必得其寿。'"

下面这个故事讲的是宣子的一个善行,救了他人,也救了自己。

鲁宣公二年(公元前607年)宣子在首阳山打猎,住在翳(yì)桑。有一天,他看见路边有一个人面黄肌瘦,就去询问他的情况。那人说:"我已经三天没吃东西了。"宣子就送食物给他,可他吃了一半却留下一半。宣子问他为什么,他说:"我离家已经三年了,不知家中老母亲是否还活着,现在离家很近,我留下的食物是想给我母亲吃。"宣子让他把食物吃完,另外又为他准备了一篮饭和肉。宣子救助的人名叫灵辄(zhé)。后来,灵辄做了晋灵公的武士。一次,晋灵公想杀宣子,灵辄在搏杀中反过来抵挡晋灵公的手下,使宣子得以脱险。后来,宣子问他为何这样做,他回答说:"我就是在翳桑你救助的那个饿汉。"宣子再问他的姓名和家处时,他已不辞而别,不知所踪。

再次,好德是五福之基。中国古代讲"五福":

《子见南子》 朱光荣 画

好德、长寿、富贵、康宁、善终。"好德"是后者之根。如果没有"好德",其他的四福无从谈起。人假如无德,不择手段去发财,会吃喝玩乐挥霍一空,甚至犯法,最后落得一场空。人若无德,其心必不安,也不可能长寿和康宁。

志愿服务作为一种道德实践和生活方式,会给个人带来"四大好处":

第一个好处是有利于个人"修心养性",促进人格的完善。一个人在参与志愿服务的实践过程中,可以培育对弱者的同情之心、对残者的怜悯之心、对苦难的慈悲之心,一句话就是修好一颗善良的心,这是心灵的修炼和升华。同时也是养性,养成宽厚、仁慈、温婉、恭敬的品性。在志愿服务的实践过程中,个人的道德品质得到升华。

一是升华道德情操。孔子认为道德修养的过程是一种"改过迁善"的过程,一个人要去恶从善,只有明辨是非善恶,才能有向善的可能。《论语·里仁篇》说:"见贤思齐焉,见不贤而内自省也。"志愿服务为我们提供了一个向贤德的人学习的机会,提供了一个改正缺点的机会,这个过程是一个修炼的过程。

二是陶冶道德情感。优秀的志愿者实例、先进典型，教会我们对善恶的鉴别，从而促进我们对善恶进行分辨和认识。孔子认为，道德教育一方面靠外在榜样的树立和引导，另一方面靠内在的自觉，这是一种"不言之教"，可以培养对善的热爱、对恶的憎恶。

三是锻炼道德意志。孟子注重对道德意志的磨炼，认为："天将降大任于斯人也，必先苦其心志，劳其筋骨，饿其体肤，空乏其身，行弗乱其所为。"志愿服务帮助的是有困难的人，志愿者所处的是艰苦的环境，付出辛勤的汗水，对于个人道德意志是一种磨炼，使个人更加坚强、更有毅力。

四是坚定道德信念。道德信念是内心对道德标准的信仰，是一种长期的、固定的认知信念。孔子曰："朝闻道，夕死可矣。"要立志于道，树立崇高的道德理想，强调有恒心和百折不挠的精神，才能经受住诱惑和考验。

五是养成良好的道德习惯。志愿服务的过程是一个教育和再教育的过程，在形成良好的品德之后，通过不断学习榜样和道德教育的影响，保持优良的品德，并将之转化为一种生活习惯，甚至是一辈子的习惯。

第二个好处是修能进业。志愿服务是一种道德实践,它对于个人的事业发展大有裨益。首先是结善缘,形成良好的人脉关系,建立互信互助的人际关系。每个人事业的发展既需要有自己的能力,又

第二讲 志愿服务的道德情怀:"博施济众"

《化行中都》 改琦 画

需要有人脉资源。热心公益的有德之人,往往会得到他人的信赖,同时,也会形成良好的人脉圈。有一位热心公益的企业家,开办了一个板材企业，每天会产生1吨的废料，如何处理这批废料成为企业的一个负担。有一次他参加了一场公益活动，认识了一个环保专家，专家建议把这些木材的废渣和酱油的废渣混合制成有机肥料，不但解决了废料的出路问题，还生产出一种环保产品，产生了良好的经济效益。这就是"善有善报"。

其次，我们参与志愿服务的实践过程，也是自身能力的提升过程。志愿服务、慈善和公益事业，其实大有学问，组织实施项目的过程，对自己的策划能力、组织能力、协调能力是一个锻炼，因此可以说，这不失为提升个人能力的有效途径。

第三个好处是实现人生价值。人的一辈子有许多选择，唯独生与死是无法选择的。人生无常，战争、瘟疫、灾难随时都可能夺去人的生命。《庄子·知北游》："人生天地之间，若白驹过隙，忽然而已。"人生是短暂的。那么，人生的价值在哪里？我认为人生的价值首先在于享受生命的过程，给自己，也给他人带来快乐、幸福；其次在于给后人留下一点念想，人生都是赤条条来，赤条条去的。我们的每个人，上至达官贵人、下至普通百姓，都是财富、功名的"临时保管员"，是无法将财富、功名永远带走的。为此，我们可以留下一点人生的"痕迹"：或者是高山仰止的大德，或者是发明创造，或者是不朽诗篇，或者是千古绝唱，等等。

我们如果明白这个道理，就懂得放下，懂得豁达，懂得舍得。志愿服务可以给他人留下念想，一次的帮扶可以济他人一时之难，甚至可以改变他人的人生际遇，这正是人生价值的体现。有的人虽然腰缠万贯，但甘于当"守财奴"，不但苛对自己，也不利于他人，这样的人很快就被人遗忘了。

第四个好处是颐养天年。参加志愿服务不但可以进德修业，还可以健康养生。进德的结果是长寿。孔子说："智者乐水，仁者乐山。智者动，仁者静。智者乐，仁者寿。"这就是说，智者的快乐，就像水一样，悠然安详，永远是活泼的。仁者的快乐，就像山一样崇高、伟大、宁静。仁慈的人，多半是厚重的，宁静得像山一样。为什么说"仁者寿"呢？这是因为与人为善，宽以待人，因而心胸开阔、心情愉快、心平气和。乐于助人，必有一个和谐的人际关系和生活环境，心境平静安宁。因此，有仁者寿之说。

孙思邈在《千金要方·养性篇》中说："德行不克，纵服玉液金丹，未能延寿。"孙思邈认为"养生必先养德，德不修则寿易损"。

有德行的人大多长寿。孔子活了七十三岁，孟子活了八十四岁，在春秋战国时期，都是长寿之人，而据说主张无为、守柔、不争的老子更是创下了纪录，活到了一百六十多岁。参与志愿服务可以丰富生活，特别是对于老年人来说，可以排解寂寞，找到"存在感"，感到"被需要"，能过好有价值的晚年。

著名慈善家邵逸夫先生以107岁高龄逝世。先生一生诸事繁多，如此高寿，得益于他的仁心宽厚。多年来，邵逸夫一共向内地捐助了34亿港元，兴建了5 229个教育和医疗项目。他以爱传人，宽容仁厚，不役于物，也不伤于物，心态平和、心境开朗，所以能够长寿。

从事志愿服务既是个人的道德修炼，又体现了一种"家国情怀"。既是个人"私德"的修炼，又是"公德""大德"的培育，是在非熟人社会中建立互动和谐的人际关系，又是公共服务精神的培育，促进良好公共环境的建立。公共服务精神是现代社会必须大力倡导的精神,是构建人类命运共同体的必然要求,为此,参与志愿服务也是一个公民的责任担当,既"从心出发",又有"家国情怀"。

志愿服务是每个公民义不容辞的责任。我们生活在一个相互依存的社会里,共存在一个你中有我、我中有你的环境之中,共存于一个利益共同体和命运共同体,必须"我为人人,人人为我",守望相助,团结互助,必须承担着捍卫大众与国家安全和利益的责任,这种责任与权利相统一,要求每一个公民在享受和平、安定、发展的权利时,又必须承担奉献、付出等责任。

志愿服务体现了有志之士的使命意识。《论语·泰伯篇》:"士不可以不弘毅,任重而道远。仁以为己任,不亦重乎?死而后已,不亦远乎?"意思是说:志士不能没有恢宏的气度和刚毅的性格,因为他承担重任且路途遥远。以实现仁德于天下为自己的任务,不是很沉重吗?至死方肯停止,这个"路程"还不遥远吗?志愿服务承载着实现中华民族伟大复兴的"中国梦",延伸到社会主义市场经济、民主政治、先进文化、和谐社会、生态文明等领域;从孔子的"仁者爱人"到孟子的"老吾老以及人之老,幼吾幼以及人之幼";从"修己"到"济人、利人、惠人",志愿服务可以说任重道远。我国的志愿服务事业与发达国家相比,参与面还不够广,活动还未形成常态,距离"全民志愿"的目标还有很长的路要走,

《夹谷却齐》　张楷修　邵以仁 增修

这就要求我们要增强使命意识,将志愿服务向经济、政治、文化、社会、生态等各领域深入拓展,努力提高志愿服务的质量和水平。

二、在志愿服务中坚守善良的道德精神

《论语·季氏篇》直接讲"善"不多,但通篇都是讲如何使人向善的。《论语》说:"见善如不及,见不善如探汤。吾见其人矣,吾闻其语矣。"意思是说,看到善良的言行,就好像怕赶不上而去努力追求;看到不善良的言行,就好像把手伸进沸水那样赶快避开。这样的人我见过,这样的话我也听过。孔子主张见善思及,主张付诸行动,走进现实生活中。孔子还讲有益的三种快乐:"乐节礼乐,乐道人之善,乐多贤友,益矣。"(《论语·季氏篇》)孔子认为,以得到礼节的调节为乐,以传扬别人的好处为乐,以多交贤能好友为乐,这是有益的乐事。孔子主张"与人为善",善言善行,人之所难。苟有一德,人即传播,则善者益进于善。孔子认为宣扬人之善而不宣人之恶,可以使这个人更加上进,也能改善社会

风尚，感化愚顽之人。

孟子认为仁的本性是善，是"性善论"的代表人物。孟子说："人皆有不忍之心……无恻隐之心，非人也；无羞恶之心，非人也；无辞让之心，非人也；无是非之心，非人也。恻隐之心，仁之端也；羞恶之心，义之端也；辞让之心，礼之端也；是非之心，智之端也。人之有是四端也，犹其有四体也。"孟子把"四心"看成人的基本素养，并首推"仁"。仁者，善也。孟子认为：人有恻隐之心，有羞恶之心，有辞让之心，有是非之心。人为什么有这四种心呢？因为这是天赋予人的本性，天道本是仁道，所以人的本性是善良的。如果没有这四种心，就"非人也"。

当今，称之为"善业"的大致有如下功德：与人为善，爱敬存心，成人之美，救人之急，助人之困，舍财作福，尊师敬长，爱物惜命等。一个人只有常存善念，才能乐善不倦，以善为宝，从善如流。

佛家也倡导"改恶从善"。惠能在《坛经·忏悔品第六》中说："思量恶事，化为地狱；思量善事，化为天堂。"思虑恶事，自我本性变成地狱；思虑善事，自我本性变为天堂。佛家认为善恶只在一念之间,善念上天堂,恶念进地狱。

"自性起一念恶,灭万劫善因;自性起一念善,得恒沙恶尽。"意思是说:自我本性中生起一恶念,就能断灭万劫所修善因;自我本性中生起一善念,就能使恒沙一样多的恶念消失灭尽。

道家对"善良"更是推崇。老子在《道德经》中大力倡导"尊道向善"的价值理念。第八章说:"上善若水。水善利万物而不争,处众人之所恶,故几于道。居善地,心善渊,与善仁,言善信,正善治,事善能,动善时。夫唯不争,故无尤。"在这里,老子把水当作最高的"善",讲了"水"的七个"善",其中最主要的是利万物,施而不求回报。

《道德经》第二十七章中说:"是以圣人常善救人,故无弃人;常善救物,故无弃物。是谓袭明。"意思是说:圣人总是善于帮助人,所以就没有被遗弃的人;总是善于使用各种物品,所以就没有被遗弃的物品。这就叫作掩藏在内在的聪明。这就是人尽其才,物尽其用。在社会上的各种人,都有他的用处,不能随便抛弃。物品也是如此。正如有句话所说的:"垃圾是放错了地方的资源。"要善待他人、善待万物。

《道德经》第四十九章说："善者吾善之，不善者吾亦善之，德善。"意思说，对于善良的人，我善待于他；对于不善良的人，我同样善待他，这样便得到了善，进而促使人人向善。这是一种博大的胸怀，也是一种深沉的智慧。

《道德经》第七十九章说："天道无亲，常与善人。"意思是说：天道毫无偏私，永远帮助善良之人。天道是公平的，是有规律流动的，善是一种正能量，天道总是与善在一起。这就是我们常说的"善有善报"，善这种能量往往会成为一种循环。

在老子以"道"为理念所建立起来的道教理论体系中，非常强调的一点就是积德行善、扶弱助贫。《道德经》说："圣人不积，既以为人己愈有，既以与人己愈多。"也就是说，只有一心为他人着想，不断地给予他人，自己才能增长德性，从而与道相合。他主张用由"道"所衍生出的行为规范准则去帮助他人来行道、合道。

善良是一种能量的储蓄。投入的每一份善良，都会在未来的某一天，悉数回馈。在这份惊喜悄然来临时，我们管它叫运气，但其实，它只是你久积善良，命运对你的返利。

善出者爱返，福往者福来。播种一份善良，就是播种一份希望，收获一份感动，更会收获一份心安。

人为善，福虽未至，祸已远离；人为恶，祸虽未至，福已远离。

那么，我们应如何行善呢？要努力做到"日行一善"，勿以善小而不为。轰轰烈烈做大事是善良，在一些细微小事上为他人着想也是善良；雪中送炭是善良，举手之劳也是善良；见义勇为是善良，关爱的话语、温暖的微笑也是善良。做不成芬芳的花朵，就做传播种子的一阵轻风；做不成黑夜里燃烧的火把，就做一棵义无反顾的小草。只要让善良成为一盏盏明灯，就能照亮所有的黑暗。

志愿服务与积德行善的精神本质是一致的，志愿服务所做的工作都是善行义举，都是善良之心在行动上的表现。

道德良心，源于每个人向善的道德需要和道德追求，良心是每个人的道德需要，只是强弱有所不同。良心具有使人达到无私利他的道德境界的作用。无私利他是完善自我品德之心的最好的行为形式，做好人、做行为最高尚的人,是道德精神的核心内容。志愿者的道德良心指向的是志愿服务精神中的最高境界——无私利他。志愿者的奉献意识越强,其品德越高尚,参与志愿服务的动机越纯粹,志愿服务的效果越好,志愿服务精神越能得到有效发扬,这样,社会的道德风气也就越良好。社会对志愿者的回馈越多,志愿者做好人的道德需要就越强烈,品德就越高尚,社会的道德风气就越好,这就是善良的传递和循环。

三、在志愿服务中遵守基本的道德准则

志愿服务是社会主义的道德实践,要增强仁善的道德意识,锤炼无私利人的道德情操,养成自律、自觉的道德自觉,并将其落实到日常生活习惯之中。志愿服务是服务他人的行为实践,在这个过程中,必须坚守最基本的道德准则,遵守基本的道德规范。《论语》中提出了许多为人处世的道德准则,就志愿服务工作来说,主要要坚守如下的几个方面:

(一)诚实守信

孔子认为诚实守信是处世之本。《论语·学而

《韦编三绝》 朱光荣 画

篇》:"敬事而信,节用而爱人。"意思是说为人办事要严肃谨慎,诚实无欺,节约开支而爱护众人。

《论语·学而篇》:"与朋友交,言而有

信。""谨而信，泛爱众。"孔子认为守信是人与人之间交往的准则，交朋友的时候，一定要守信用、讲诚信、重承诺，让人觉得是一个靠得住、可以信赖的人。做事小心谨慎，做人诚实守信，这是德行教育的主要内容。

诚实不仅是一种自尊、自爱、自重，更体现了真实、坦荡、诚信的自我，是立足于天下的基石。《论语·为政篇》："子曰：'人而无信，不知其可也。大车无輗（ní），小车无軏（yuè），其何以行之哉？'"

孔子说：一个人如果不讲信用，不知他怎么可以行事。就如大车没有了安横木的輗，小车没有安横木的軏，怎么能行走呢？

孔子还认为诚实守信是立国之基。《论语·颜渊篇》："子贡问政。子曰：'足食，足兵，民信之矣。'子贡曰：'必不得已而去，于斯三者何先？'曰：'去兵。'子贡曰：'必不得已而去，于斯二者何先？'曰：'去食。'自古皆有死，民无信不立。"意思是说：子贡向孔子请教如何治理政事。孔子说：充足的粮食，充足的军备，百姓信任政府。子贡说："如果迫不得已要放弃一项,先放弃三者中哪一项?"孔子说:"放弃军备。"子贡又说:"如果迫不得已又要放弃一项,放弃粮食和百姓信任中的哪一项呢?"孔子说:"放弃粮食。"自古以来,人总难免一死,但是百姓不信赖政府,国家就无法存在了。孔子把诚信看得比军备、粮食还要重要。假如一个政府失去了人心,失去了诚实,那么,这个政府迟早会土崩瓦解。

诚实守信要求我们进行志愿服务时,要有真诚的态度,出自于诚心诚意,真实无欺,要言必信、行必果,不开空头支票,履行好诺言。要求志愿服务组织提高财务的透明度,增强公信力,以诚信提高公众的信任度,防止出现"诈捐门"和"假慈悲",特别要保证资金使用的公开、透明、廉洁、高效。

(二)以礼待人

《论语·卫灵公篇》:"子曰:'君子义以为质,礼以行之,孙以出之,信以成之。'"孔子说:君子以义作为行事的根本,用礼仪来实行它,用谦逊的语言来说出它,用诚实的态度来完成它。

《论语·泰伯篇》:"君子所贵乎道者三:动容

貌,斯远暴慢矣;正颜色,斯近信矣;出辞气,斯远鄙倍矣。"这里说,君子应注重的容貌和仪态有三个方面:使自己的容貌严肃庄重,就可以避免别人的粗暴和怠慢;使自己的脸色端正,就可以接近诚信;言语和声调要稳重,就可以避免粗野、鄙陋和狂妄。

《论语·学而篇》:"子贡曰:'夫子温、良、恭、俭、让以得之。'"子贡说:老师是靠温和、善良、恭敬、节俭和谦逊获得处事的方法的。

志愿者在进行服务时,要以平等和尊重的态度对待服务对象,切忌以施舍者或救世主的姿态出现,切忌居高临下、态度傲慢、语言冰冷、举止失度。特别是对待弱者和残疾者,更要注意,防止因自己不慎重、不礼貌的行为对他人造成伤害。

志愿者在与他人沟通时,还要忌讳以下做法:

一是"忌"问个人隐私,包括问年龄、婚姻、住址、收入、经历、信仰等。这些属于个人隐私的问题,在与人沟通过程中,不要好奇询问。

二是"忌"一个人长篇大论。交谈讲究的是双向沟通,要学会耐心倾听,适时地引导,特别是做心理疏导工作更要如此。因此要多给对方说话的机会,不要只顾一人侃侃而谈。

三是"忌"挑剔别人的毛病。如果总是挑剔别人的毛病，被你挑毛病的人心情就会受影响，应该从积极的角度思考，正确理解对方的想法和心情。

（三）惠而不费

《论语·尧曰篇》："子张曰：'何谓五美？'子曰：'君子惠而不费，劳而无怨，欲而不贪，泰而不骄，威而不猛。'子张曰：'何谓惠而不费？'子曰：'因民之所利而利之，斯不亦惠而不费乎？'"

子张问："五种美德是什么？"孔子说："君子给百姓以恩惠，而自己却无所耗费；使百姓劳作，而不使他们怨恨；追求仁义却不贪图财利；安逸舒泰却不骄傲；威严而不凶猛。"子张问："给百姓以恩惠，而自己却无所耗费，该怎么做到呢？"孔子说："顺应百姓的利益而使他们得利，这不是给百姓以恩惠而自己却无所耗费吗？"

"惠而不费"要力求帮扶到根本上。志愿服务与公益事业的共同之处是都带有慈善、公益的性质，但帮扶的手段有所差别，慈善机构主要是给钱给物，志愿服务则主要用智力、体力去帮扶，这是志愿服务

《川上叹逝》 朱光荣 画

的优势所在。志愿服务在帮扶时要着眼于治本,少做"输血",多做"造血"。比如扶贫济困,关键在于扶"志"、扶"智",只有培养新一代有理想、有追求、有知识、有技能和有干劲的农民,乡村振兴才有希望,才能够切断贫穷在代际之间的传递。为此,农村的志愿服务就应该传播新思想、新文化、新风尚、新科技，改变传统的旧观念，挖掉穷根，找到致富之路。志愿服务在传播新思想、新文化、新道德方面大有施展的空间。如中国传统文化传播志愿服务、家风家教志愿服务、艺术普及志愿服务等都可以大有作为。

"惠而不费"，要用较小的投入去获得较大的效果产出。俗话说"四两拨千斤"，志愿服务是要付出钱、财、物的，但不是花费越多越好。只有精准、精细才能取得最大的效益。有一个志愿服务队组织了"安乐窝——独居老人居家微改造项目"，为独居老人改造厕所、增加扶手、增加通道电灯等，三户独居老人家庭的微改造花费仅9 000多元，这就是花小钱办好事。又如有一个公益志愿服务队给贫困孩子送礼物——量身定做的崭新羽绒服。每一套羽绒服不但合身，而且有孩子的姓名。当孩子们穿上衣服以后，一个个兴高采烈。这个"量身定做"，体现了细心、精心，给人带来的是喜悦和温暖。我们资助他人的东西，必须是他人需要的、合适的东西，才是有价值的东西。志愿服务要有仁爱之心，还要细心，如此才能暖心、贴心，因此，奉献爱心，必须提升精准度，解决受助者真正的急和难，才能做到点子上，真正适合每个人的需求，才是真正有意义的。

（四）尊重人格

《论语·子罕篇》："子见齐衰者、冕衣裳者与瞽者，见之，虽少必作；过之，必趋。"孔子看见穿丧服的人、穿官式礼服的人和盲人，在会面的时候，即使这些人年龄较轻，他也一定站起来；从他们面前经过的时候，一定加快脚步。

为了表示对居丧之人的同情和盲人的恻隐之心，孔子对他们表现了恭敬的态度。孔子作为一个有学问的人，对残疾人表现出了恭敬的态度，不但体现了他尊重他人的人格平等，也体现了他的修养和行善的智慧。

行善如果不以尊重他人为前提，就会不知不觉地伤害他人的自尊和人格，违背了尊重他人隐私和尊重人格的道德准则。

一位红十字援外救助队员讲过一个故事：那一年，国际红十字救助队抵达非洲灾区后，一群贫困孩子围了上来。我正准备按照国内习惯给这些孩子发放救助物品，但被外国同行制止了。外国同行走下车，让孩子们帮忙搬运救助物资。物资搬完之后，外国同行以奖励的方式,给孩子们发放了救助物品,孩子们因为付出了劳动,所以兴高采烈又心安理得地接受了回报。

什么是最好的善良?这就是最好的善良。最好的善良,不仅要解决受助者的生活困难,更要呵护受助者的人格尊严。

行善还要防止有居高临下的施舍的态度。真正的善良是不动声色地帮助,充分尊重受助者的隐私和尊严。

有一天某个大学的203名学生突然发现,自己的饭卡里"凭空"多出了720元的餐费,大家都很诧异,不知道钱从何来。经过查询才得知,原来,大学通过大数据分析了2018年度在校刷饭卡的记录,这是给"每月在食堂吃饭60次以上,每天吃饭支出低于平均值8块钱"的学生发放的一笔"特殊助学金"。

可见,大学对这笔补助金用了心思,既能精准地帮扶,又保护了学生的隐私和自尊,让学生没有心理负担。

有些人资助他人的金额不多,却举办隆重的"资助仪式",这其实违背了慈善的初衷,有作"秀"之嫌,真正的慈善是低调、务实和不张扬的。

《孔子弟子像·司马耕、颜祖》（局部） 阎立本 画

第三讲 志愿服务的思想境界："修己安人"

《论语》中记述了一个孔子的"修身之答"。《论语·宪问篇》:"子路问君子。子曰:'修己以敬。'曰:'如斯而已乎?'曰:'修己以安人。'曰:'如斯而已乎?'曰:'修己以安百姓。修己以安百姓,尧、舜其犹病诸!'"

　　这段话的意思是这样:子路请教怎样做才能成为君子。孔子说:"修养自己,从而敬爱他人。"子路又问:"这样就够了吗?"孔子说:"修养自己,从而能安顿四周的人。"子路又问:"这样就够了吗?"孔子说:"修养自己,从而能安顿所有的百姓。修养自己,从而能安顿所有的百姓,尧、舜也会觉得这是很难做到的事啊!"志愿者在志愿服务的过程中,是从"修己"出发,逐步提升自己的思想境界的,从"小我"到"大我",以至"无我"的境界。

一、以"修己以敬"作为出发点

从这个"修身之答"中,我们可以看到修身首先是"修己","修己"是修身的出发点和立足点。为什么孔子要把"敬"作为修己的首要品质呢?在孔子看来,"敬"是一种高雅的气度和精神状态,人一旦拥有,则具有坚定意志支持内心的这一"道德律令",也有足够的定力抵御私欲的诱惑。修身和不修身是不一样的,欧阳修说过:"不修其身,虽君子而为小人;能修其身,虽小人而为君子。"

我们今天重视的"修己以敬",有新的含义。在现代社会中,"敬"首先是敬人、敬业,然后延伸为敬畏自然、敬畏道德、敬畏法律。只有始终保持敬畏之心,遵守党纪国法、道德良序,按客观规律办事,才能做人有底线、做事有章法,走在平安、吉祥的大道上。

春秋时期,鲁国有个叫闵子骞的人,敬佩孔子的学问,前去拜孔子为师。刚去时,他的脸色干枯蜡黄,一副憔悴的样子。过了一段时间,脸色红润起来,人也越来越精神。

孔子觉得奇怪，便问起原因，闵子骞说：拜老师之前，看到达官贵人锦衣玉食、宝马香车，而自己却生活清苦，心里不是滋味。现在，受了老师的教化，懂得的道理多了，那些华丽的东西再也不能扰动我的心了，因而心情平和，气血就好了。

修身的功能不仅仅是强身健体，更是修除自己身上的缺点和不足。人天生具有动物的习性，善恶共存于一体，只有通过修身，才能彰显向善的一面，克服向恶的一面。又因为人们生活在一个特定的社会里，不能不受社会风气和习俗的影响，只有经常地清除心灵的灰尘，才能保持纯洁的心性。修身对当代人来说，有利于人们"化秉性"，去除人性中的动物性的"基因"；有利于人们"去习性"，去除后天染上的不良习惯和坏毛病；有利于"养天性"，培育至善、至德、至美的本性，使人们成为意志坚定、心灵纯洁、道德高尚的"君子"。人们把心地、心态、心境修炼好了，身心安泰平和，自然也就健康、从容和快乐，享受有意义、有价值的人生。

人们参与志愿服务的过程，其实也是修己的过程，在这个过程中，心灵得到提升，道德得到陶冶，能力得到提升。"修己以敬",就是以礼敬的态度、敬业的精神去从事志愿服务工作,就是认真积极,一丝不苟,兢兢业业,全心全意,用心、用情、用力地去做好每一件工作。从敬业开始,进而乐业、专业、精业,把每一项工作做到极致和完美。

但假如修身仅仅是"独善其身"是不够的,一个人的人生价值是在奉献社会、服务他人中得到体现的。修身在"修己"的基础上,要进而"安人",即

《为鲁司寇》 朱光荣 画

安定他人、利益他人,最终达到"安百姓"的目标。

"修己以敬"是"安人"的前提,然而,君子还要努力达到更高的境界,那就是胸怀天下、心怀百姓,在"修己"中提升自己的能力和境界,达到"安人以安百姓"的目标。

那么,怎样去"安人""安百姓"呢?

一是要从"小我"转变为"大我"甚至"无我"的境界去做人、做事。为了别人的"安",自己吃差一些、住差一些都无所谓。

二是要关心他人的需求和爱好,始终把"群众需要、群众喜爱、群众满意"作为志愿服务活动的出发点和落脚点。《论语·为政篇》:"视其所以,观其所由,察其所安",即要看他的所作所为,了解他所走过的道路,观察他的爱好。这里的"安人"就是深入地了解他人的内心世界,关爱他人,为他人分忧解愁,达到利他的境界。

三是不但要关注人们物质生活的"安",更要关注人们精神世界的"安"。既要使人"身安",又要"心安",当然,"身安"是"心安"的前提,假如每天为一日三餐而发愁,是不可能获得心安的。孟子说:"君子之守,修其身而天下平。""修身以俟之,所以立命也。"在现实生活中,许多人自身的内心处于不安的状态,如浮躁、紧张、焦虑等,这些不良的情绪只有在"修己"之后才能克服,也只有在提高自己的思想境界、道德情操和文化修养之后才能去"安人",带给他人正能量和示范。志愿服务可以在"安人"方面做大量让人心安的工作,比如心理疏导就是其中的一个方面。

二、以"修己安人"作为对"大同社会"的美好理想追求

志愿服务如果只是停留在追求个人发展和家庭幸福上,还不能算是大情怀、大境界。志愿服务还要推动国家的发展和社会的稳定、和谐。这是中国传统文化中追求"大同社会"理想的体现。这种美好的理想使志愿服务成为一种理想、信念,上升为一种责任感和使命感。

《礼记·礼运》:"大道之行也,天下为公,选贤与能,讲信修睦。故人不独亲其亲,不独子其子,

使老有所终，壮有所用，幼有所长，鳏、寡、孤、独、废疾者皆有所养，男有分，女有归。货恶其弃于地也，不必藏于己；力恶其不出于身也，不必为己。是故谋闭而不兴，盗窃乱贼而不作，故外户而不闭，是谓大同。"

这段话的意思是说，大道施行于天下的时代，天下不是一姓一家所有，而是为天下人民所共有。把品德高尚和能干的贤能者选拔出来，人民淳朴守信、相处和睦。那时候的人们不只关爱自己家的老人，也关爱别人家的老人，不只善待自己家的孩子，也善待别人家的孩子，使老年人获得精心的赡养，能够安心终老，壮年人有用武之地，幼童能够健康成长，丧偶者、孤独无依或者身有残疾之人，都能得到供养。每个男子都有一份事业，每个女子都有归宿。在这样的社会里，人们会嫌恶财物被糟蹋浪费，但并不一定要这财物为自己所拥有；都会厌恶有力气不是出于自己的身体（希望为社会公众出力），但不一定要为自己谋私利。于是各种阴谋诡计都没有机会发生，偷盗和作乱都不会产生，家里的大门也不用上锁。这就是所谓的"大同"。

《礼记·礼运》在这里描绘了人类理想社会与秩序的美好图景，"大同社会"的核心内容是天下共有、公平公正、共享和谐。在这个社会里，每一个社会成员平等、和睦；公权公用，选拔贤能的人治理国家；各种社会角色平等和谐相处，生活得到保障；人人勤奋劳动，并不以拥有财富为目标，可以"夜不闭户"，一片太平景象。这个社会图景，在中国历史上产生过重要的影响。在秦代到清代两千多年的帝制时代里，"天下为公"一直为仁人志士所追慕、向往。

　　"大同社会"要求人们热心公益、仁善博爱，从爱自己的父母、子女延伸到社会的各个成员，儿童能健康成长，壮年能发挥才干，老年能安享晚年，鳏、寡、孤、独、废疾者都能得到供养。这是利益的一种共享，不但尊老爱幼成为风尚，社会的弱势群体也能得到关怀。这是社会文明高度发达的一个标志，也是社会保障体系完善的标志。

　　大同社会理想，与当下通过建立和完善国家治理体系、采取多种形式来保障公民的福祉等社会建设战略不谋而合。现代公民社会的建设以全体公民和社会整体的生存和发展为依归，体现民主、平等、自由、

《孔子弟子像·言偃》（局部）　阎立本　画

参与、秩序、公共利益和共担责任等一系列最基本价值目标的认同与追求。

由于先天条件、自然规律和各种社会因素的影响，任何社会都存在着弱势群体，如失独老人、残疾人、病人等，这些弱势群体都应该得到社会的关爱、照顾。为此，志愿服务在"修己安人"中，要努力让每个社会成员不但"身安"，而且"心安"。

第一，要聚焦老、幼两大社会群体。目前，我国已进入人口老龄化快速发展阶段,学界称之为"银色浪潮"。随着人的寿命的延长,老龄人口也会越来越多。据第七次全国人口普查的数据显示,我国65岁及以上人口达到1.9亿人,占我国总人口的13.50%。世界银行预计,到2027年,我国65周岁及以上人口比例将达到14%,进入深度老龄社会。老年人既是志愿服务的主要对象,又是志愿服务的生力军。我们要在志愿服务中,为老年人提供健康、医疗和精神文化生活等方面的服务项目,让老年人能得到孝养、康养、颐养;同时,又要把老年人组织起来,让他们参与志愿服务,让他们闲暇的时间、丰富的智力和经验有一个用武之地,在这方面,一些发达国家做得比我们好,在他们的志愿者队伍中,老年人所占的比重超过了25%。

青少年是我们国家和民族的未来。梁启超先生讲:"少年强则国强。"儿童的健康成长,也是家长最关注的问题。为此,要在全社会树立以儿童为中心的发展理念,为儿童的健康成长提供条件、环境,满足儿童在立德、求智、运动、审美等方面的需求,在这方面我们仍然有大量的工作可以做,如到欠发达地区支教，关爱留守、流动儿童，关爱失学女童，近视眼的预防与矫正等，这些都可以成为志愿服务的项目。

第二，要关注病、残、孤、穷等社会弱势群体。关爱弱势群体是一个社会进步和文明的标志，也体现了这个社会的发达程度。2020年，我们启动了"科技、艺术助残"的活动，帮助560万残疾人学科技、学艺术，让他们能够有尊严地活着，快乐地活着，提高他们的生活质量。

第三，要关注让人"身安"的项目，更要关注让人"心安"的项目。这是志愿服务向高质量发展的要求，也是志愿服务的广阔空间。随着物质生活的日益改善，广大人民群众对精神文化的需求急剧增长，学文化、学科技、学艺术的需求很强烈，满足这种需求，是志愿服务生命力之所在，也是提高中华民族整体素质之根本。特别是在社会急剧变动、竞争激烈的时代，许多人出现了焦虑、浮躁、忧虑等心态，无法得到心灵的安宁、心态的平和、心境的宁静成为新的问题。为此，志愿服务要关注人的生命的安顿、情绪的管理、心态的调控，把心理疏导作为志愿服务的重要内容。

三、以"修己以安百姓"作为最高境界

我们要努力成为优秀的志愿者,成为卓越的志愿者、领导者更要有高远的境界,这个境界就是"修己以安百姓",这是从"大我"向"无我"的转变,是更高的要求。这是大情怀、大志向、大格局。下面,我借用中国传统文化中讲的"金、木、水、火、土"五行对这一境界做一些描述。

(一)第一层境界:如"土",厚德载物

《说文解字·土部》:"土,地之吐生物者也。"意思是,"土"指的是大地用以吐生万物的介质,本义为沉积于地面上的泥沙混合物,是万物生长必不可少的元素。"土"有三大特质:一是长育、化育、包容。由于万物都是从土中生,故有"土为万物之母"之说,"土"具有生化、承载、接纳的本质。为此,《易经》的坤卦《象辞上传》讲:"地势坤,君子以厚德载物。"意思是说:坤卦象征地的形势,君子应该效仿之增进美德、厚载万物。二是厚实、厚道。"土"本质上朴实无华,保持了做人的本真、纯真。三是具有正直、方正、广阔的品质。

"土"的境界,主要体现了志愿者的"德商",即志愿者应当具备的道德情怀,具体来说,起码要有如下的"德":一是"诚信",真实不虚,这表现在捐款的真实、不造假,善款的使用坚持公开、透明,用好每一分善款。登记参与志愿服务时间的真实、不虚报。二是"纯朴",带着一片真情,没有功利之心,成人之美,成就他人。三是"敬业",在敬业的基础上乐业、精业、专业。四是"遵纪",遵循国家的法规和志愿服务组织制订的规则。五是"自律",在参与志愿服务的活动中,自尊、自律、自省、自强。所有这些都是对志愿者的基本要求。

(二)第二层境界:如"木",强基固本

"木"是扎根于土地的树。"木"有三大品质:一是慎重而仁厚。道家认为,五常的仁、礼、信、义、智中的"仁"便属木,换言之,即仁厚的美德恰如"木"。甲骨文 ᚛(木)的上部ψ象征"一棵大树",一棵棵大树组成了树林,夏天可以遮挡阳光,给人带来阴凉,在荒漠中可以抵挡风沙,在城乡中可以净化空气、调节气候。常言道:"大树底下好乘凉。"树木茂密的枝干树叶庇荫着人类,所以"木"

含有庇荫他人、施恩于众的意思，具有与人为善、仁慈善良的内涵。二是长于幼苗，万物生自微末。木，从中。中，草木萌芽初生。《道德经》说道："合抱之木，生于毫末；九层之台，起于累土；千里之行，始于足下。"意思是说，合抱的粗木，是从细如针毫时长起来的；九层的高台，筑起于每一堆泥土；千里

《转益多师》　朱光荣　画

的行程,是一步又一步走出来的。老子在《道德经》中还曾提出"天下大事,必作于细",人生无大事,事事皆小事。只要你每天都能做好一件简单的小事,你就不简单;只要你每天做好一件平凡的小事,你就不平凡。在我们的生活中,每天都有一些没能引起人们关注的细节、小事,这些小事往往潜藏着幸运、成功的因子。做好了"细",注重了"小",就占领了先机,就能成就大事。三是"木"之根深扎大地,才能枝繁叶茂。甲骨文 ✹ (木)的下部 ⺪ 为根系。树的根有千百万条,粗根、细根、微根,深入地底,不停地吸收营养,供养自己。有种毛竹,4年里只生长了3厘米,而后从第五年开始,仅仅半年时间就长到15厘米。其实,前面的4年里,竹子将根深深地扎进土壤里,延伸了数尺。这就启示我们,要想成功,就需潜下心来不断充实自我,扎好根基。唯有如此,才能基业长青。

"木"的这一品质,体现在志愿服务工作中,要体现如下的要求:

第一,要扎根于大地,坚持广大人民群众的需求导向。群众有什么样的合理需求,我们就努力地去实现,即把人民群众对美好生活的向往作为我们的奋斗目标,作为工作的出发点。

第二,要从"授人以鱼"到"授人以渔"。许多慈善、公益事业在帮助他人时,主要是给予财、物的资助,这可以"济一时之急",特别是在抗击自然灾害中发挥着重要的作用。志愿服务则不能停留在这一层次上,要治标与治本并重,甚至"治本"更为重要,这就要求我们在选择志愿服务的项目时,注重基础性、长远性、根本性的项目。

一要关注治本的项目。中医有"治未病"之说,这就是要坚持以预防为主,从源头上解决问题。有些时候治标是必要的,但治本更为重要。比如扶贫,首先要解决生存的问题,但假如没有挖断"穷"根,贫穷仍然会在代际中传递。这个"穷"根是落后的观念,懒惰、保守的品质和缺乏技能。为此,要把扶"智"作为根本,改变"穷人"的观念、生活态度等问题,这就要把文化教育、科技教育作为扶贫的重要内容。中国美术学院组织了一个"美美讲堂——社会美育传播计划",其中有一项内容是开展"艺术扶贫"行动,旨在"用设计改变生活,用设计扶贫帮困"。他们先后开展了农村村落规划、农村标志标识海报设计、农家乐村舍环境提升改造、乡镇门户网站设计、乡村宣传片拍摄、农产品的包装设计与提升等活动。这些中国美术学院的学生在助力乡村振兴过程中开发出来的项目,不仅为他们找到了发挥才干的舞台,也为美丽乡村建设带去了实实在在的成果。又如健康问题,送医、送药是必要的,但更重要的是要引导人们树立健康的生活方式,要把"医一时"变为"医一世",为此,必须开展健康知识普及和乡村医生的培训计划。又如"网络助残"为视障人士打开了新"视"界。随着互联网的普及,越来越多的视障人士可以通过读屏软件使用电脑和手机,掌握更多的技能,丰富娱乐生活,提高生活质量。下面,我介绍两个很有特色的项目。

范例之一：

行走的助残盒子——助残志愿服务标准化课程推广计划

"行走的助残盒子——助残志愿服务标准化课程推广计划"主要针对康园工疗站、特殊学校学生定制，通过课程标准化指引，将盒子教学实物呈现在学员面前，透过嗅觉、视觉、触觉等对学员进行立体式教学，增强他们的知识，提高他们融入社会的能力。

范例之二：

夕阳再晨——"互联网+助老"志愿服务项目

特色亮点		
	机制	高校、社区联动
	标准	统一志愿者操作规范和培训教材
	互助	志愿者教科技，老人传授经验
	科技	"互联网+"工具：云课堂、云教室

志愿助老，让长者过上高品质生活

二要关注公益创业项目。公益与创业是相互促进的。有些项目是从公益起步,逐步延伸成为创业项目的。比如早教和助残的项目,通过公益项目的实施积累的经验,是可以向社会复制、推广的,有广阔的市场前景,可以逐步发展成为产业。

三要针对精准的对象,提供适用、精确的服务内容。志愿服务的项目要具有针对性,能根据服务对象的要求,提供专业的、精准的服务。宁波市鄞州区银巢养老服务中心,组织实施了一个叫"银巢未来"的项目。这个项目的宗旨是:打造银巢——一个提供积极养老一站式服务、帮助老年人实现积极养老的公益平台。"银巢未来"项目帮助老年人从"被服务者"转变为"价值创造者",其核心使命是帮助老年人通过积极养老来构筑幸福生活的良性循环。截至目前,"银巢未来"项目推动了近7 000名老人重新融入社会,并帮助5 900多名外来务工子女和7 200多名老人获得了学习的机会。

这个项目的理念是"积极养老"。人口老龄化是世界性难题,对人类社会各方面都将产生重大、深刻而持久的影响。中国的老龄化进程规模之大、速度之

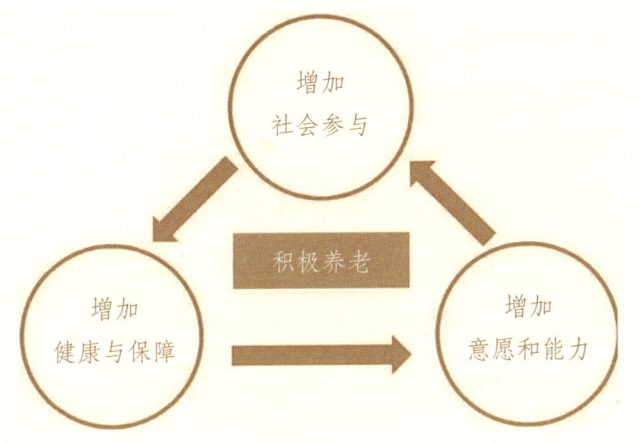

快、问题之严重在全球范围内史无前例、绝无仅有，已成为我国必须面对的重大挑战。

如今，不少人把老人看作是负担，但事实上，他们自身就是宝贵的资源。能不能把这些老人组织起来，让他们发挥余热、自己帮自己养老呢？这便是"银巢未来"项目的初衷。积极养老理念对于缓解老龄化社会负担、开发老年人社会价值具有重要意义。

"银巢未来"项目运用互联网技术对接"社会需求"和"老年人知识与技能"，以"六个老有"为核心（老有所为、老有所学、老有所乐、老有所养、老有所医、老有所依），以精神文化娱乐为主导，以健康医疗为辅助，满足老年人在生活、健康与文化方面的需求。项目还引进由大学生志愿者和社会爱心人士组建的志愿服务队,为老年人提供多元化、个性化的养老服务。

目前该项目开展的业务主要有:老幼共建(把社区的养老院和幼儿园开设在一起)、开办社区老年大学(解决老年人"上学最后一公里"的问题)、长者公开课(向青少年分享老年人的人生故事和人生经历)、适老化改造(联合中国妇女发展基金会共同为老年人打造健康安全的宜居环境)、乐活夕阳(策划开展老年服务、活动及相关项目的执行落地)、银龄学堂(有特长的老人对接有需求的少年儿童)、银巢小屋(在社区内构建集基础诊疗和心理慰藉于一体的健康小屋)、银巢基金(联合爱心企业为有需要的老年人提供爱心帮扶)。

(三)第三层境界:如"火",充满激情

"火"是指物体燃烧时产生的光焰。火的产生伴随着动能、热力,有热力就有动力,就能前进、向上和有所作为。

首先,火代表着光明,可以点亮人生。"火"字的甲骨文 字形像地面上的三股腾腾热焰,《说文解

字·火部》:"火,炎而上。"意思是火光熊熊气势向上。在燃烧的过程中发热,给人带来温暖和希望,给人坚持下去的动力。志愿服务要传播仁爱、善良,代表着正能量,带给人温情、温暖和温度。

其次,火代表着热情,让事业绽放绚烂的火花。"火"除了指物体燃烧时发出的光和焰以外,还指发出的热,因此"火"字也有"热烈"的含义。一个人做事情就要有火一样的热情,有了热情,就有了激情,就能不怕万难,成功到达彼岸。我们做志愿服务也要有"火"一般的热情,积极、主动,充满激情地去工作。

最后,"火"也代表着阳光,就是阳光的心态,乐观向上,不怕工作中碰到困难、挫折,勇敢地面对,用积极的态度加以克服,同时,也给他人带去快乐。要注意自我的心理调适和管理好自己的情绪,克服心理焦虑、困惑和失落。学会自我放松、释放心理压力。

(四)第四层境界:如"金",坚韧不拔

《论语·子路篇》:"子曰:'刚、毅、木、讷,近仁。'"孔子说:"刚强、果敢、质朴、言语谨慎,便近于仁德。"

"金"本义是金属。《说文解字·金部》:"金,五色金也。黄为之长。久埋不生衣,百炼不轻,从革不违。"意思是:金,五色(赤、青、黑、白、黄)金属的总称。黄金为五金之首。久埋地下也不会产生锈斑蚀痕,千锤百炼也不会损耗变轻,能顺从变形而不背本性。

金,是由土中的矿物质提炼而成的金属,有坚强、坚硬、坚韧的品质,代表自强不息的精神。我们在人生道路上,不可能一帆风顺,会碰到许许多多的困难、磨难,坚强使我们迈过一道道坎。在这世上,凡是有为之士,都历经坎坷,用坚强改变了命运。在人生的征途上,跌倒了能否再爬起来,关键在于是否坚强,只有保持不服输、从头再来的奋斗精神,才能成为生活的强者。

一个人一时做志愿服务不难,一辈子做就不容易了。在志愿服务工作过程中,会碰到各种困难,是迎难而上,还是打退堂鼓,就要看是否有"金"的坚韧。因此,要有不达目标誓不罢休的精神和持之以恒的干劲。

（五）第五层境界：如"水"，无求无我

"水"的最可贵的品德是无私、奉献、无我。老子在《道德经》中说："上善若水，水善利万物而不争。"老子说，最高层次的善就像水一样，有利于万物，却不和万物相争，无欲无求。

水造就了海的辽阔、江的博大、河的奔腾、溪的潺潺，也给大地带来了翠绿。水有无私奉献的精神，一方面牺牲自我，恩泽大地，另一方面，泰然安于低处，甘居下流。

"水"的境界是修己到安人，安百姓到安天下，从"小我"到"无我"的境界。

真正的行善积德是没有功利之心的，假如有功利之心，功德全无。

《六祖坛经》疑问品第三曾经有一个记载：

韦刺史问："弟子曾经听人说达摩大师当初化导梁武帝时，武帝问达摩：'我这一生建造许多寺庙，剃度许多人出家为僧，布施贫苦，供养僧众，我这样做有没有功德？'达摩回答说：'做了这些事并没有功德。'弟子并不理解达摩大师所说的话，请大师为我解说。"

六祖大师说："梁武帝所做的确实没有功德。

千万不要怀疑前代圣人的话。武帝执迷于不正确的理念，不了解'直指人心，见性成佛'的修炼法门。造寺、度僧、布施、供养这些善事只是在修福报，那是向心外求法。功德在自身本有的成佛的心性中，应该向心中求，所以不要将福报与功德混为一谈，功德并不在善求福报之中。"

真正的行善并不是为了名和利，假如有了功利之心，就变成了等价交换。佛学认为要破除"我执"，梁武帝之所以没有功德是因为过于"我执"，也就是其内心并没有放下。

我们常说的积阴德，这是看不见的功德，是不求回报的功德。一个道德高尚的人要"忘却有恩于人，记住有恩于我"，即施恩不记、受恩必报。

《论语·雍也篇》："子曰：'智者乐水，仁者乐山。'"孔子说："明智的人欣赏流水，仁爱的人欣赏高山。"

我们在志愿服务中要学习"水"的智慧和品格。一是要有"不争"的境界，即无求，不求名、不求利，默默地做，埋头苦干地做，不求功名利禄地干，即使做了好事，也不张扬、不自夸、不居功自傲，要把它作为本分、作为责任、作为义务，而不是"作秀"。二是施而不求报。有这样一句话，叫"善恐人知乃真善"。其道理何在呢？这是因为行善是来自内心的愿望，没有功利的目的。假如是为了满足虚荣，到处炫耀，那么，行善的动机就不纯洁了。行善希望带来回报，那么就等同于买卖交易了，真正的施予一定是从仁爱出发，不求回报的。正如母爱那样，这种奉献是无私的，是不能用金钱的标尺去衡量的，母亲对子女所做的一切是毫无保留的付出，却从来不要求子女的回报，这也正是母爱的伟大之处。三是灵动和智慧的。志愿服务要讲求科学的态度和方法，要讲究艺术，要适人、适时、适度、适法，办实事、求实效。

最后，用习近平总书记在2014年3月4日给"郭明义爱心团队"回信时的话概括志愿服务事业："雷锋精神，人人可学；奉献爱心，处处可为。积小善为大善，善莫大焉。当有人需要帮助时，大家搭把手、出份力，社会将变得更加美好。"

参考文献

[1]傅佩荣.译解论语[M].北京：东方出版社，2012.

[2]张燕婴.中华经典藏书：论语[M].北京：中华书局，2010.

[3]高凡.周易新解[M].北京：中央编译出版社，2014.

[4]陈才俊.礼记精粹[M].北京：海潮出版社，2016.